第七版

圓方出版社

《風水天書》之所以改名為《風水天書》，是因為我在本書把日常遇到的風水問題與情況一一羅列出來。遇到任何問題時，只要在目錄上一找，就不難找到答案，好像手握天書一樣。

現代風水與古代實在有很大分別，最簡單如廚房、廁所，古代是獨立於屋外的，但現代建築卻是廚廁附於室內的，兩者實有所不同。所以我經過算計、驗證，然後再把問題及化解方法羅列出來。又如辦公室，現代的辦公室大樓，有些達萬呎之大，其布局是古代風水不能理解的。又如風水用品，一般人都只是一知半解，而我在此書都一一詳列其出處及用法，所以這書如不改做「天書」，我實在想不到一個能替代的書名。

作者簡介

蘇民峰　長髮，生於一九六〇年，人稱現代賴布衣，對風水命理等術數有獨特之個人見解。憑着天賦之聰敏及與術數的緣分，對於風水命理之判斷既快且準，往往一針見血，疑難盡釋。

以下是蘇民峰近四十年之簡介：

八三年　開始業餘性質會客以汲取實際經驗。

八六年　正式開班施教，包括面相、掌相及八字命理。

八七年　毅然拋開一切，隻身前往西藏達半年之久。期間曾遊歷西藏佛教聖地「神山」、「聖湖」，並深入西藏各處作實地體驗，對日後人生之看法實跨進一大步。回港後開設多間店鋪（石頭店），售賣西藏密教法器及日常用品予有緣人士，又於店內以半職業形式為各界人士看風水命理。

八八年　夏天受聘往北歐勘察風水，足跡遍達瑞典、挪威、丹麥及南歐之西班牙，隨後再受聘往加拿大等地勘察。同年接受《繽紛雜誌》訪問。

八九年　再度前往美加，為當地華人服務，期間更多次前往新加坡、日本，以至台灣地區等。同年接受《城市周刊》訪問。

九〇年　夏冬兩次前往美加勘察，更多次前往台灣地區，接受當地之《翡翠雜誌》、《生活報》等多本雜誌訪問。同年授予三名入室弟子蘇派風水。

九一年　續去美加，以至台灣地區勘察。是年接受《快報》、亞洲電視及英國BBC國家電視台訪問。所有訪問皆詳述風水命理對人生的影響，目的為使讀者及觀眾能以正確態度去面對人生。同年又出版了「現代賴布衣手記之風水入門」錄影帶，以滿足對風水命理有研究興趣之讀者。

九二年　續去美加及東南亞各地勘察風水，同年BBC之訪問於英文電視台及衛星電視「出位旅程」播出。此年正式開班教授蘇派風水。

九四年　首次前往南半球之澳洲勘察，研究澳洲計算八字的方法與北半球是否不同。同年接受兩本玄學雜誌《奇聞》及《傳奇》之訪問。是年創出寒熱命論。

九五年　再度發行「風水入門」之錄影帶。同年接受《星島日報》及《星島晚報》之訪問。

九六年　受聘前往澳洲、三藩市、夏威夷及東南亞等地勘察風水。同年接受《凸周刊》、《一本便利》、《優閣雜誌》及美聯社、英國MTV電視節目之訪問。是年正式將寒熱命論授予學生。

九七年　首次前往南非勘察當地風水形勢。同年接受日本NHK電視台、丹麥電視台、《置業家居》、《投資理財》及《成報》之訪問。同年創出風水之五行化動土局。

九八年　首次前往意大利及英國勘察。同年接受《TVB周刊》、《B International》、《壹周刊》等雜誌之訪問，並應邀前往有線電視、新城電台、商業電台作嘉賓。

九九年　再次前往歐洲勘察，同年接受《壹周刊》、《東周刊》、《太陽報》及無數雜誌、報章訪問，同時應邀往商台及各大電視台作嘉賓及主持。此年推出首部著作，名為《蘇民峰觀相知人》，並首次推出風水鑽飾之「五行之飾」、「陰陽」、「天圓地方」系列，另多次接受雜誌進行有關鑽飾系列之訪問。

二千年　再次前往歐洲、美國勘察風水，並首次前往紐約，同年 masterso.com 網站正式成立，並接受多本雜誌訪問關於網站之內容形式，及接受校園雜誌《Varsity》、日本之《Marie Claire》、復康力量出版之《香港 100 個叻人》、《君子》、《明報》等雜誌報章作個人訪問。同年首次推出第一部風水著作《蘇民峰風生水起（巒頭篇）》、第一部流年運程書《蛇年運程》及再次推出新一系列關於風水之五行鑽飾，並應無線電視、商業電台、新城電台作嘉賓主持。

〇一年　再次前往歐洲勘察風水，同年接受《南華早報》、《忽然一週》、《蘋果日報》、日本雜誌《花時間》、NHK 電視台、關西電視台及《讀賣新聞》之訪問，以及應紐約華語電台邀請作玄學節目嘉賓主持。同年再次推出第二部風水著作《蘇民峰風生水起（理氣篇）》及《馬年運程》。

〇二年　再一次前往歐洲及紐約勘察風水。續應紐約華語電台邀請作玄學節目嘉賓主持，及應邀往香港電台作嘉賓主持。是年出版《蘇民峰玄學錦囊（相掌篇）》、《蘇民峰八字論命》、《蘇民峰玄學錦囊（姓名篇）》。同年接受《3週刊》、《家週刊》、《快週刊》、《讀賣新聞》之訪問。

○三年　再次前往歐洲勘察風水，並首次前往荷蘭，續應紐約華語電台邀請作玄學節目嘉賓主持。同年接受《星島日報》、《東方日報》、《成報》、《太陽報》、《壹周刊》、《一本便利》、《蘋果日報》、《新假期》、《文匯報》、《自主空間》之訪問，及出版《蘇民峰玄學錦囊（風水天書）》與漫畫《蘇民峰傳奇1》。

○四年　再次前往西班牙、荷蘭、歐洲勘察風水，續應紐約華語電台邀請作風水節目嘉賓主持，及應有線電視、華娛電視之邀請作其節目嘉賓，同年接受《新假期》、《MAXIM》、《壹周刊》、《太陽報》、《東方日報》、《星島日報》、《成報》、《經濟日報》、《快週刊》、《Hong Kong Tatler》之訪問，及出版《蘇民峰之生活玄機點滴》、漫畫《蘇民峰傳奇2》、《家宅風水基本法》、《The Essential Face Reading》、《The Enjoyment of Face Reading and Palmistry》、《Feng Shui by Observation》及《Feng Shui — A Guide to Daily Applications》。

○五年始　應邀為無綫電視、有線電視、亞洲電視、商業電台、日本NHK電視台作嘉賓或主持，同時接受不同雜誌訪問，並出版《觀掌知心（入門篇）》、《中國掌相》、《八字萬年曆》、《八字入門捉用神》、《八字進階論格局看行運》、《生活風水點滴》、《風生水起（商業篇）》、《如何選擇風水屋》、《談情説相》、《峰狂遊世界》、《瘋蘇Blog Blog趣》、《師傅開飯》、《蘇民峰美食遊蹤》、《蘇民峰 • Lilian蜜蜜煮》、《A Complete Guide to Feng Shui》、《Practical Face Reading & Palmistry》、《Feng Shui — a Key to Prosperous Business》、五行化動土局套裝、《相學全集一至四》、《八字秘法（全集）》、《簡易改名法》、《八字筆記（全集）》、《蘇語錄與實用面相》、《中國掌相》、《風水謬誤與基本知識》等。

蘇民峰顧問有限公司

電話：2780-3675

傳真：2780-1489

網址：www.masterso.com

預約時間：星期一至五（下午二時至七時）

第一章

家居佈置小常識

第二章 實用風水

第三章 家居篇

第四章 辦公室風水

第五章

風水用品

第一章

家居佈置小常識

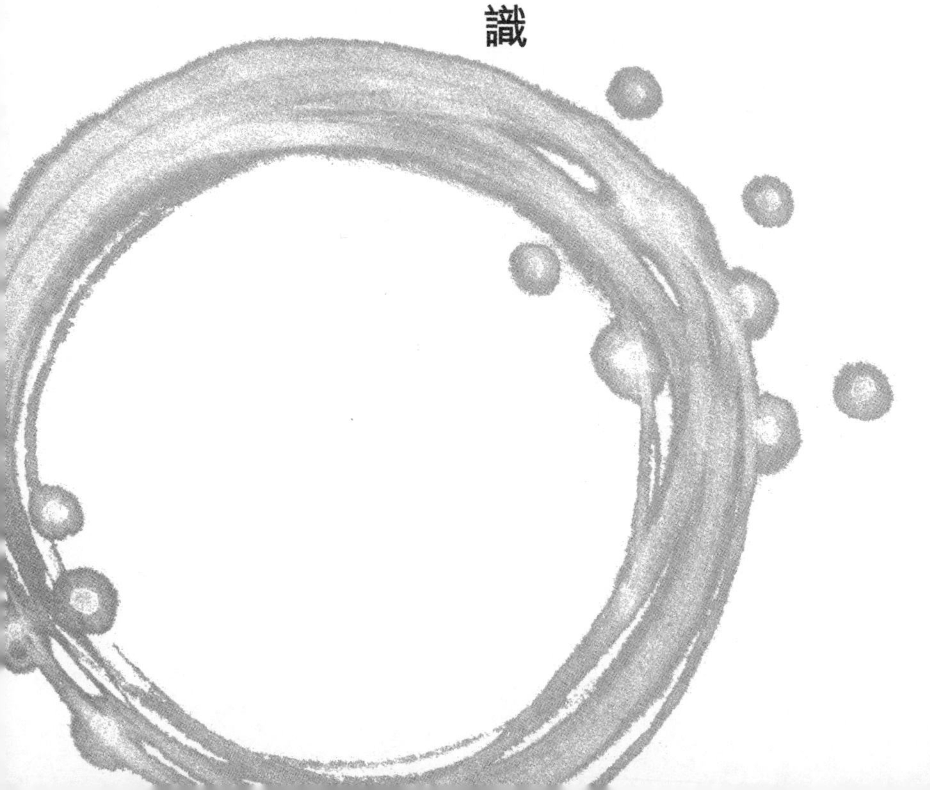

燈的數目

日常看風水，常常被客人問及燈的數目：

到底雙數好還是單數好？用兩個燈泡的燈會否生病？三個頭的燈是否會爭吵？四個頭是否利文昌、利學習考試？相關的問題不知道給人問過多少遍。

事實上，一間屋內的燈泡數目是單是雙其實沒有影響，試想一間三千呎的大屋要有多少支燈或多少個燈頭？又有一盞燈壞了，是否仍要計數？如壞了的不計數，那又是否會亮的燈才算，不亮的燈就不用算呢？我想如果你介意這些，要你每日去數算這些燈的雙單數目，已經煩死了吧！

又有風水師把風水之九星吉凶代表，化成燈頭的數目──

如一為桃花，二為小病，三為爭鬥，四為文昌，五為大病，六為武曲，七為破軍，八為左輔財星，九為右弼喜慶，然後將之解說成燈頭的數目：二頭燈、五頭燈會生病，三個頭的燈會爭吵，四個頭的燈有利讀書考試，八個頭的燈有利財星。如此這般，實屬無稽。

其實，燈的數目並不重要，只要配合個人喜好即可。中國人一般喜歡室內多燈、光猛，而外國人則喜歡少燈、光線陰柔，所以民族不同，喜好亦有所不同。

燈的注意事項

在室內安裝電燈時，要注意以下事項：

（一）玄關位最好有燈。

（二）避免三盞燈同射向一個方向，如走廊位、牀頭、牀尾位等，因三盞燈平排有如三柱香，這樣意頭不好，亦容易引致疾病。

（三）較新式的辦公室通常都會使用光管燈箱，它有一種如反光鏡之效果。如果燈盤剛好在頭頂之上，就容易引起頭暈、頭痛、精神不集中等問題，故宜吊植物去擋。

（四）睡牀上不宜有燈吊下來，因為這樣會壓着睡牀，令受壓的部位容易不適。又睡房燈不宜似

反光燈盤在頭頂，容易引致身體不適。

爪形，這樣會容易引致損傷。事實上，房間最宜使用貼天花的冬菇形燈，因冬菇形燈順貼天花，無下墜之勢，所以沒有氣壓住身體，不會使睡在牀上的人出現問題。

（五）又有說睡牀上有多頭圓燈，似手術室牀上的燈，會引致疾病，不過我想是這些風水師的聯想力太強了吧，我牀上那盞圓形燈用了十年都不覺得有甚麼問題！

結婚相

很多客人會問結婚相應該放在哪裏，又有客人提及曾經有風水師說結婚相不應放在牀頭位置。到底為何有此理論，實在無從稽考。

其實結婚相不會像鏡一樣有反光的效果，所以放在甚麼地方都沒有影響，只要不是放在凶位，則無論放在牀頭或牀尾皆不會產生不良之效果。也就是說，只要放在自己覺得舒服的位置便可。

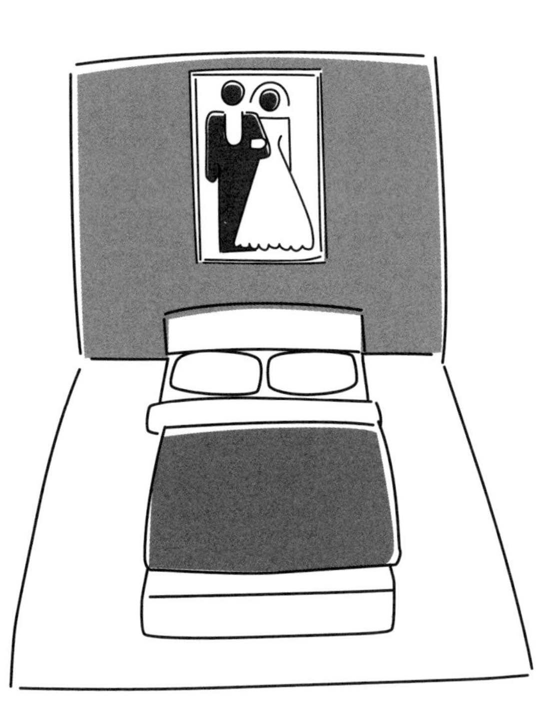

先人照片

很多家庭都會把先人的相片放在家裏。其實，照片的擺放位置並沒有嚴格的規定。有些人會將之放在組合櫃內，有些人則會放在五桶櫃上，亦有人放入神櫃裏頭。由於將先人的相片放在家裏只是純粹作為紀念先人之用，所以只要相片前面位置開揚，沒有對着廚房、廁所或房間門即可。當然，安放先人照片時，亦會因應不同民族、不同信仰，而有不同的擺放方法。

風水方面，只要不是放在凶位便可以。

神位擺放

各種信仰，皆有其特定之神位擺放方法。但在風水學上，神位宜放在吉位。如將之擺放在客廳之中，最好向着大門，其次向窗，再次就是向着開揚的地方。另外，神位前要留有空間，不能有太多雜物，以示尊敬。如將之放在房內，亦宜向着房門或窗門。

唯一大忌，是放在家中凶位。

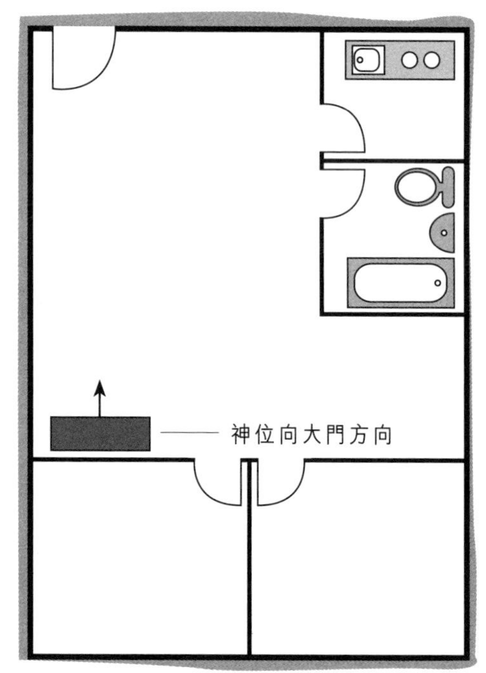

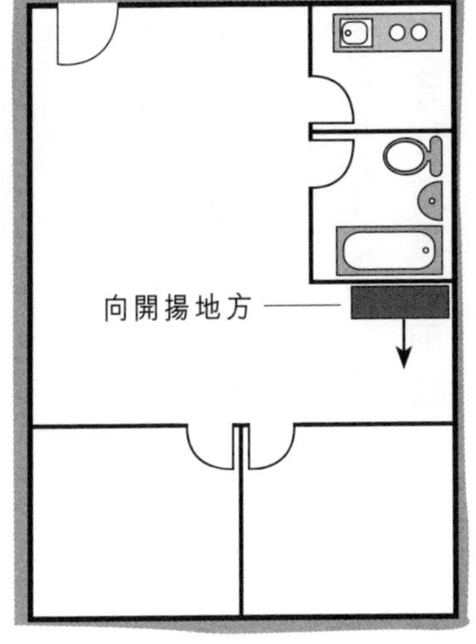
向開揚地方

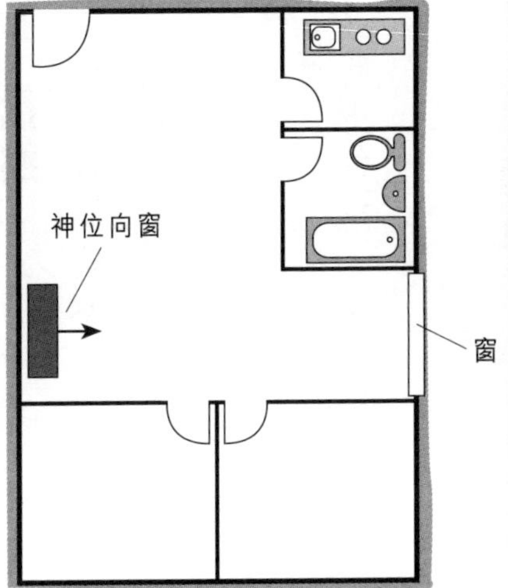
神位向窗
窗

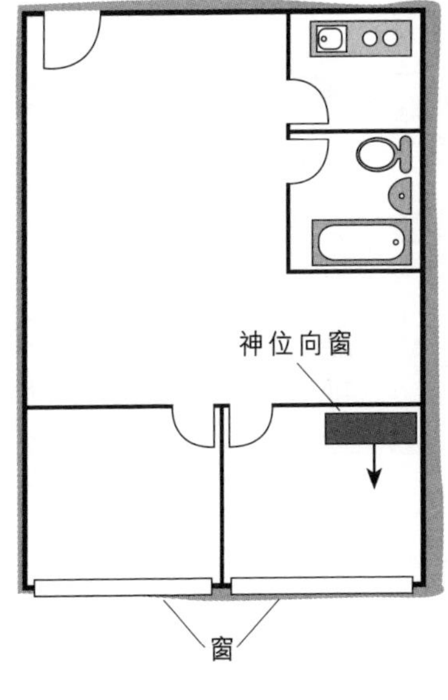
神位向窗
窗

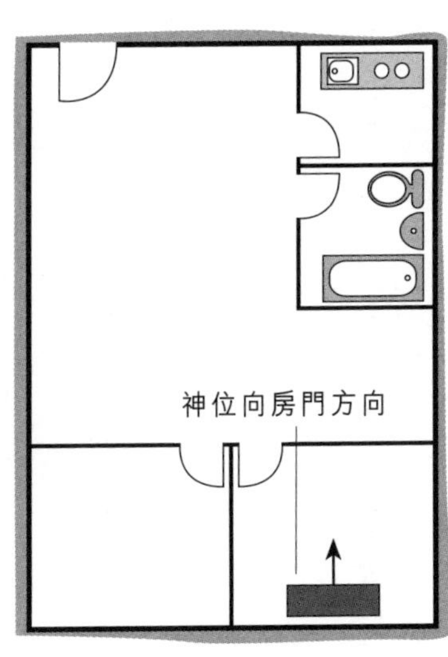
神位向房門方向

鐘

鐘在風水學上有化煞、擋煞、鬥煞及化病之作用，又不同物料、不同形狀的鐘會產生不同之效果。

鐘的形狀主要有圓形、方形、八角形等。另外，又有分座地型大鐘、掛牆大鐘、雀仔鐘等，而當中又分為電鐘及發條鐘。

化煞、擋煞

如窗外有尖角煞、天線煞、動土煞、簷篷煞，只要用鐘對着有煞的方向，便可起化煞、擋煞之用，尤以八角形鐘最為有力。

鬥煞

八卦形的鐘，其作用有如八卦。如遇窗外有三叉、八卦、鑊等對着自己的窗戶或大門，均可用之去鬥煞。但我常常強調以和為貴，所以鬥煞之事，還是少用為妙，最好以植物去擋煞，既能化煞，又不傷人。

化病

座地大鐘或掛牆大鐘，如用發條而不用電的，因其金屬發聲，均可起化病之效，宜用於每年之五黃大病位及二黑細病位，或家中永遠的二黑五黃位。

又鐘的物料和形狀，會產生不同的氣場。如圓形，顏色白、金、銀之鐘屬金，放於室內正西及西北可加強此兩方的金氣；長形、木製、顏色青綠的鐘屬木，放於室內正東及東南方，可加強此兩方的木氣；波浪形，藍、黑、灰色或玻璃製之鐘屬水，可放於室內之正北方以加強此方之水氣；又尖形，顏色紅、橙、紫之電鐘可放於室內正南方，以加強此方之火氣；方形，顏色米、黃、啡及石製之鐘屬土，可放於室內東北及西南方，以增強此方的土氣。

值得注意的是，增強了五行之氣後，到底對自己有沒有幫助——增強宅中財位之氣利財，增強桃花位之氣利桃花，惟加強凶位及病位的氣便會增加爭吵、疾病，所以必須留意每年之病位。

又寒命人利木火，宜將長形綠色、尖形紅色之鐘放於宅中的正東、正南以加旺木、火之氣；熱命人利金水，宜將圓形金色、波浪形藍色的鐘放於室內正西及正北方以加強金水之氣。

鐘的謬誤

很多風水師會用鐘對着大門，藉以擋去大門對走廊之煞氣。但其實，大門

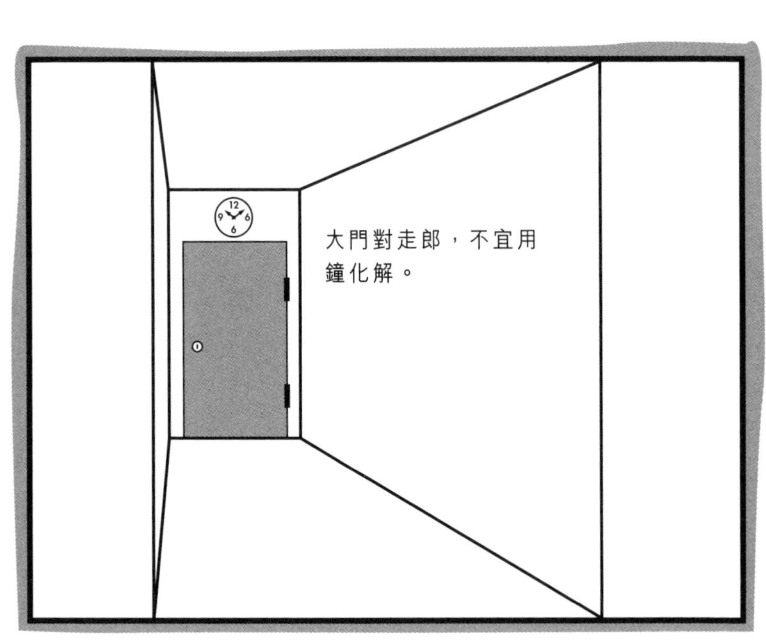

對走廊並無煞氣，根本不用擋。即使有煞氣，用鐘去擋沖煞亦不是一個好辦法，因為用鐘去擋煞會變成鬥煞，以致產生更多的煞氣。最好的方法，是用植物去擋大門之沖，但只有大門對門再對窗才要化解，單單大門對房門，即使經過一條長走廊再對房門，亦不用化解。

睡房不能放多過一個鐘

又曾在電視上聽見某師傅說睡房不能放多過一個鐘。我想，此師傅應該是做電視節目做得太多，話題用盡，所以才隨便找個話題來講。其實很多人的睡牀牀頭都會放多過一個鐘，以我為例，在我牀頭旁邊便有三個鬧鐘，而另一邊又有一個大座枱鐘及一個小鬧鐘。也就是說，整個睡房一共有五個鐘。但從細到大，都沒有發現甚麼問題。所以各位讀者的房間如有超過一個鐘也不用擔心，怕遲到的你，當然不只有一個鐘在睡牀旁邊！

電視機

電視機的擺放位置其實沒有甚麼所謂，但睡房內怎樣擺放電視機就有很多說法：有說電視機不宜放在牀尾，有說電視機不宜放近牀頭。

其實電視機跟音響組合一樣，可以看成是一件帶有磁場及火煞的物件，所以只要不太靠近牀頭即可。事實上，電器太靠近牀頭，會對大腦構成不良的影響。短時間當然沒有問題，但長時間對着頭必然會對大腦細胞有所損害，並容易影響內分泌。

至於電視機對牀尾，有風水師說等如鏡對牀尾，又鏡對牀尾在風水學上是不好的，因起牀時睡眼惺忪，突然間在牀尾之鏡內看到自己的反映，必然會把自己嚇一跳。但電視機其實一般沒有這個反映的效果，即使是舊式電視亦不能清楚地看到自己的影像，更何況現今之電視很多根本就不會反光。我在舊居牀尾放了一部三十七吋大電視已有十年，新居更放了一部五十五吋的大電視，至今亦不見甚麼不良的影響。

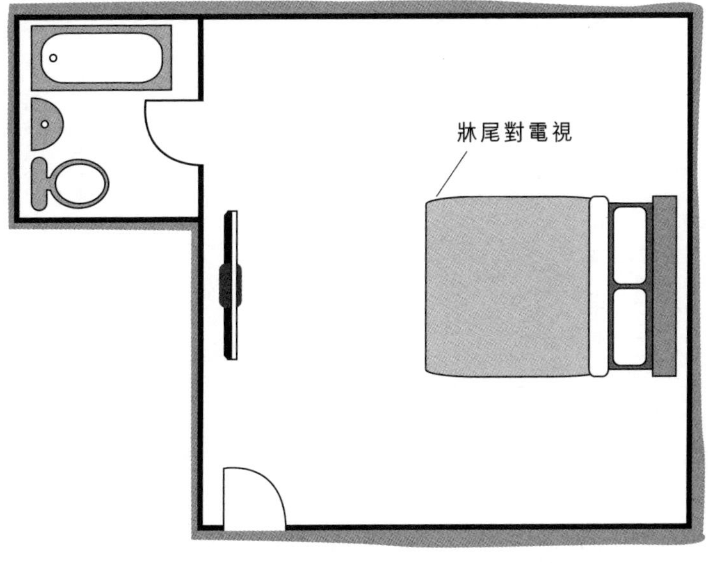
牀尾對電視

抽濕機

抽濕機可按照每年風水方位之吉凶情況來決定擺放之位置，因為每年都有不同的流年財位、桃花位、文昌位和病位，又最宜將抽濕機放在流年財位之上。

以二〇一八、二一七年為例，流年財位在全屋的東南和中央位置，如將抽濕機放在屋的東南及中央，便可將全屋的水（財）氣聚在擺放抽濕機的地方，這就叫「聚水」，有聚財的作用。如果將抽濕機放在大門旁邊，那就不用理會年分，亦有收財之用。

值得注意的是，將抽濕機放在大門旁邊時，有兩個擺放辦法：第一個方法，是將抽濕機的氣口對向門外，從而收外面的財；第二個辦法，就是將氣口向着屋內，以收屋內之財，把財聚在自己的門口。

抽濕機最不宜放在每年的病位，因為抽濕機有「摩打」帶電，會生旺病星。以二〇一八、二七年為例，病位在正北和正西位置，也就是五黃二黑的位置。如果將抽濕機放在這裏，就容易動了五黃二黑的氣，引致宅中人生病。

同時，抽濕機亦不宜放在每年的喜慶位，因為喜慶位屬火，如果放在喜慶位就會水火相沖，減低喜慶位的作用。不過，這其實亦有利財帛，故擺放之時要因應自己的需要而定。

不過，將抽濕機放在桃花位就一定有好處，因為桃花位屬水，二〇一八、二七年桃花位在西北，將抽濕機放此位有催旺桃花之效。另外，將抽濕機放在文昌位亦有好處，因為文昌位屬木，水可以生木，聚水自然可以生旺文昌，而二〇一八、二七年文昌位在正南。

二〇一八、二七年東北方是「嗌交」位，由於「嗌交」位屬木，又水會生木，生旺爭鬥，所以抽濕機不宜放東北的位置。

還有一個位置值得留意，就是武曲位。武曲屬金，金可以生水，水可以生財，形成互相幫助的格局。所以踏入二〇一八、二七年，最宜將抽濕機放在西南的位置，有利從事武職工作（即文職以外的行業，如三行、紀律部隊、裝設電腦或修理火車路軌等的技術性工作）之人士。

正東為剛過氣的旺位，故二〇一八年在正東放抽濕機亦能起催財的作用。由此可見，在哪裏放抽濕機其實大有學問，要參看每年的桃花位、財位、文昌位和喜慶位，留意會否產生生旺或反作用才好擺放。

欲知每年九星位置詳情，可參看本人每年之生肖運程書或《通勝》第二頁。

冷氣機

冷氣機的擺放位置會對家居風水構成一定之影響。每一間屋內都有分財位、凶位、桃花位和其他吉凶位等，又放置冷氣機時，要特別留意桃花位、財位及凶位。冷氣機最不宜放在凶位，又無論是大公司的總機，抑或家居室內的一個小窗口機都不宜放在凶位，因為凶位又稱為「嗌交」位、病位、「孭鑊」位。如果將冷氣機放在凶位，就容易令家人身體出現問題，而且容易導致人口不和、人緣不佳。事實上，冷氣機最宜放在財位，既利財，亦利身體。

至於將冷氣機放在桃花位，就要視乎個別情況。如果是單身人士，冷氣機放桃花位當然沒有問題；如果是公司，冷氣機放桃花位，就會使全公司的同事皆有較佳的人緣，而桃花亦相對較重。倘若恰巧公司或自己的工作性質要時常接觸人、需要人緣的話，冷氣機放桃花位當然對你有好處；但如果已經結了婚，又工作上毋須經常與人接觸，那就要盡量避免將冷氣機放在桃花位，否則特別容易招惹桃花，影響感情。

鞋櫃

鞋櫃的擺放在風水學上是沒有嚴格規定的，只要不是放在財位便可。一般家庭大多會將鞋櫃擺放在大門的左右兩旁，以便外出時尋找鞋子。另外，亦有些設有衣帽間的家庭，會將鞋櫃附設在衣帽間裏頭，而這其實並無不可。不過，坊間有很多錯誤的說法，說鞋不可以這樣放那樣放，鞋櫃又要怎樣怎樣，既不能高過人頭，又不能設在房間之內，但這簡直毫無根據。試想仍處於農業社會的古人，普通人最多只得一、兩雙鞋子，他們還會研究鞋子要如何擺放嗎？其實不用想，也知道那鞋子一定放在大牀旁邊，以便下牀時穿着。及至筆者小時候，亦會穿着鞋子登堂入室，到睡覺之時，才把鞋脱下，放在牀邊。後來地氈慢慢流行，人們才開始有脱鞋入屋、把鞋子放在大門旁的習慣。所以睡房內不能放鞋之理論根本不能成立，但若從衛生角度去解釋，因鞋履內容易滋生細菌，故不宜太近睡牀，還説得過去。

有説「鞋」音與廣東話的「嚡」音相同，意頭不好。但風水學是根據遠古積累下來的經驗和智慧而成，怎會用好不好意頭來解釋？簡直有辱風水學！

又有人説鞋櫃不能高過人頭，因為這樣人好像被鞋底壓着，意頭不好——又是廢話一場。亦有説大門前不可放太多鞋，這樣不合乎風水法度。他們説甚麼都推説是風水，令我這個研究了三十多年風水的人也不知他們的理論從何而來。其實，以上種種都是那些風水師自己想出來的理論。事實上，近二、三十年來，隨着香港人開始富裕起來，才有能力買超過一雙鞋。像筆者那樣，最少有超過五十雙鞋，加上女朋友的鞋，總數一定超過一百雙以上。以前住在舊房子，鞋櫃的設計正好對

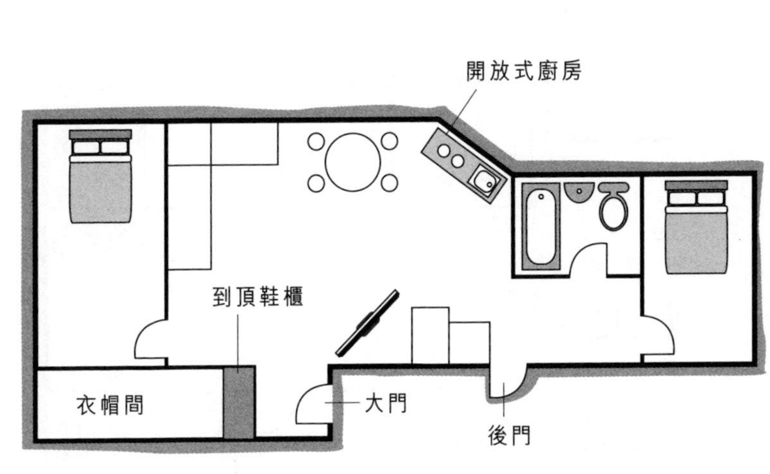

着大門，以作玄關之用，又其高度與天花一樣，由地下直達天花（詳見上頁之室內平面圖）。及至九七年搬了新房子，更把工人房設計成擺放鞋子之用。筆者每天常常穿着不一樣的鞋，上班有上班的，晚上外出有外出的，而我每次回家都不會把鞋收拾好，所以我家大門前，常常有一個鞋陣，擱着十多雙鞋子，留待鐘點工人每星期來一、兩次的時候，再幫我放回鞋櫃，回復原狀（見下圖）。所以那些風水師說——房間內不能放鞋，鞋櫃不能高過頭，門前的鞋不可亂放等禁忌，我通通都犯上，而且一犯經年。時至今日，我倒看不出有甚麼不良的影響。本人從事風水算命那麼多年，從來都沒有試過因病而不能上班，反而晚上喝得太醉，以致早上真的爬不起牀就試過一次。

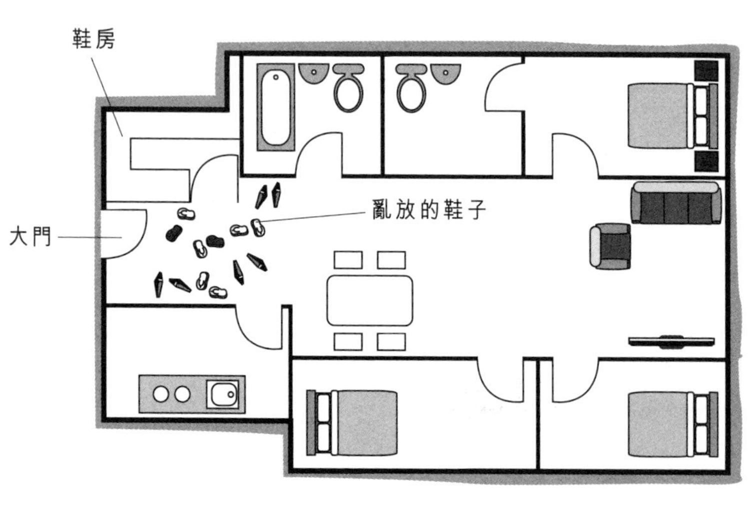

方枱、圓枱

自從廿多三十年前，有一個風水師在電視節目中說過，宅中不可有任何帶有尖角的東西，如牆角、方枱等後，一直影響至今。其實，風水學上之尖角沖射，是要有一定幅度的氣場直沖家宅之大門或窗門，才會有問題。至於室內之尖角，實在無必要理會。反而從安全的角度來看，如果家裏有小孩，則不宜有太多尖角的東西，以免他們撞到後受傷。因此，到底在屋內用方枱抑或圓枱，其實不在風水考慮之範疇內。總括而言，我們不必在風水學上考慮其吉凶好壞，反而應從設計方面考慮才對。

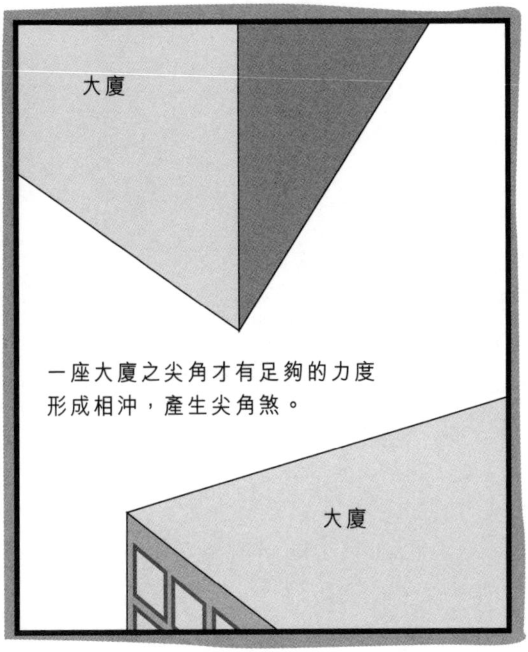

大廈

大廈

一座大廈之尖角才有足夠的力度形成相沖，產生尖角煞。

第二章

實用風水

動土煞

動土的意思是建築、掘地、拆卸樓宇、大廈外牆維修等。動土的範圍愈大，其影響就愈大；範圍細，影響就相對較小。

動土煞主要影響身體健康，對住宅的剋應尤大——輕則無故損傷、疾病，重則手術，嚴重者甚至死亡，對懷孕婦女尤其不利，容易引致流產。所以，室外周圍如遇有動土，一定要加以化解。

至於辦公室遇有動土，則會影響生意——生意額或馬上下跌，或遇困難重重。如果公司內都是年青員工，則即使其本身較能承受煞氣，亦會把公司的煞氣帶回家，引致家中的老弱婦孺相繼生病。所以當大家共事同一公司，而員工之家人突然相繼生病，就知道一定是受公司的煞氣所影響。

動土煞的影響因人而異，亦因風水吉凶而異。如身體一向強健，則動土煞之影響自然細小；但如身體本身已經不濟，再加上動土煞的影響，就一定疾病連年。倘若再遇上風水大局——損財傷丁或旺財不旺丁（丁指身體、人丁），則影響更大。另外，如動土位置是當年之「五黃大病位」、「二黑細病位」、「三煞位」、「太歲位」，影響就會更為嚴重。

因此，凡遇有動土煞，就一定要放適當的物件來化解。至於化解方法，就是依據本人所創之「五行化動土局」，向着動土的方向擺放相應的物件。又按照「物物一太極」之原理，每一個獨立的空間都要放一個「五行化動土局」。如客廳、客房、主人房都見到動土，就要放置三個化動土局來化解。

五行化動土局是用木、火、土、金、水五種物件的五行之氣，來化解煞氣。

木——任何植物。

火——紅色物件（如利是封、紅色卡等）。

土——天然石頭。

金——金屬發聲物件，如風鈴、音樂盒、鑰匙、六個銅錢或六個女皇頭銅幣皆可。但論最簡單者，必為音樂盒，因扭緊其發條以後，便會發出金屬聲響，又由金屬所發出之聲音，才是化煞之關鍵。因此，切忌使用電子音樂盒，因電屬火，火剋金，就會化掉了音樂盒之作用。

水——生水，不要用蒸餾水。

不同方向之動土煞的化解方法

動土煞在東面及東南面之化解方法

先用音樂盒對着動土之方向，然後依次序再在後面放石頭、紅色物件、植物、水。

動土煞在東面、東南面

可於看見動土煞之窗戶將此陳設直排向着動土之處

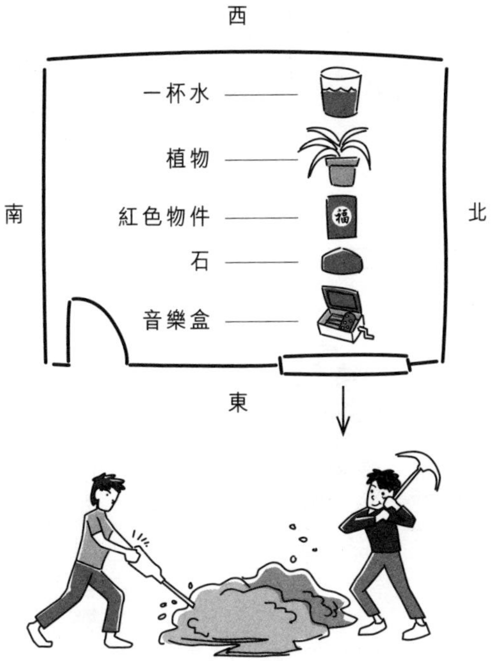

動土煞在南面之化解方法

先用一杯水對着動土之方向，然後依次在後面放音樂盒、石頭、紅色物件、植物。

動土煞在南面

正南

動土煞在西南及東北面之化解方法

先用一盆植物對着動土之方向，然後依次在後面放一杯水、音樂盒、石頭、紅色物件。

動土煞在西南面、東北面

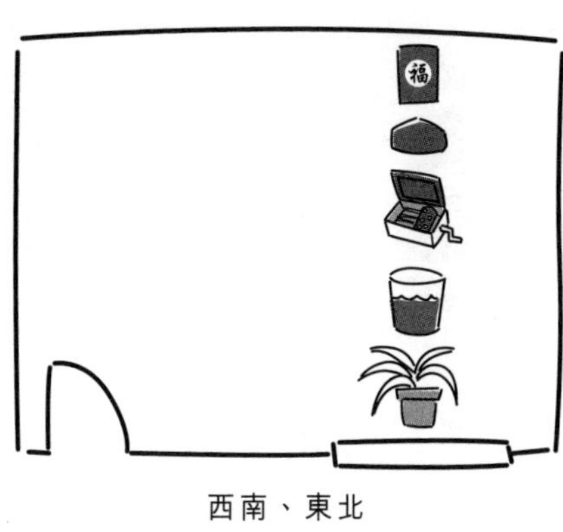

西南、東北

動土煞在正西及西北面之化解方法

先用紅色物件對着動土之方向，然後依次在後面放植物、水一杯、音樂盒、石頭。

動土煞在正西、西北面

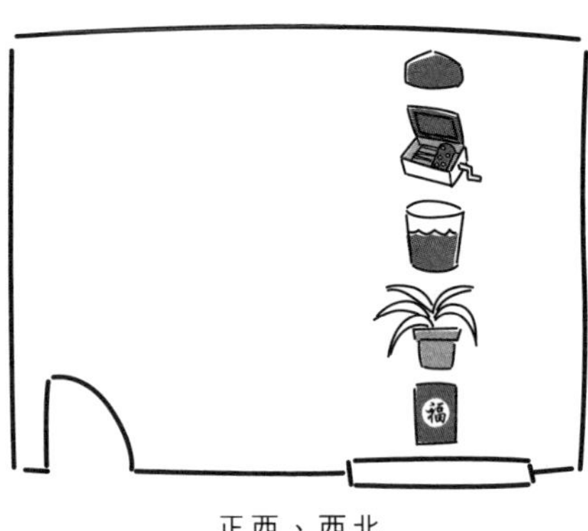

正西、西北

動土煞在正北之化解方法

首先用一顆石頭對着動土之方向，然後依次放紅色物件、植物、一杯水、音樂盒。

動土煞在正北面

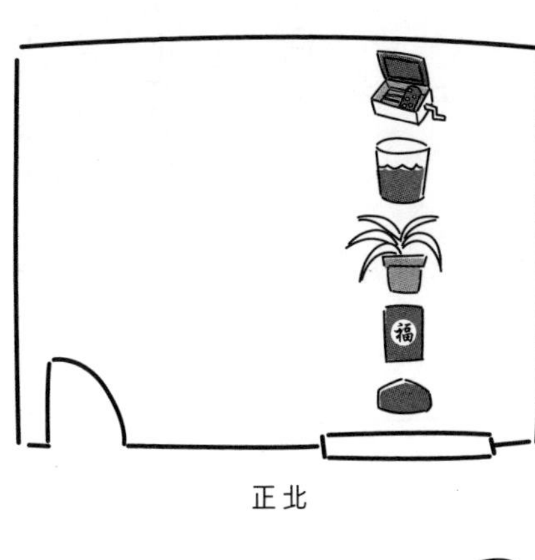

動土而不能分辨方向之化解方法

如外面動土，但不能分辨方向，又或者動土範圍過大，就可用圓形化動土局。圓形化動土局就是將木、火、土、金、水的五行物件擺成圓形，使其氣週流不濟，能化解任何室外之煞氣。

煞不知方向的化解方法——用水、植物、紅色物件、石頭、音樂盒圍成圓圈，對着動土之方向，以化解煞氣。

動土局不知方向的化解方法

顏色風水學

大部分人對顏色都有個人喜惡，甚至會反映在居所的設計上。到底顏色會否影響居所的風水，甚至影響宅中人的運程呢？答案是——一定會！

居所禁用顏色

第一種顏色是鮮紅色。紅色屬陽，鮮紅色更為陽中之陽。陽氣過重，會令人變得暴躁、精神緊張、缺乏忍耐力，容易引致打架及意外事件。第二種是黑色，黑色屬陰，為陰中之陰。陰氣過重，會令人變得無精打采、情緒低落、生病，容易引致抑鬱，甚至乎產生自殺的念頭。因此，這兩種顏色皆不宜用於地磚、牆壁、天花及窗簾。要是已經採用了紅、黑色又不想改動的話，就可在牆壁上多掛顏色跟自己命格配合的畫，亦可鋪上顏色與自己命格配合的地氈。

出生日子各有其「色」

（一）出生在新曆八月八日（立秋）至翌年三月六日（驚蟄），屬寒命，居所顏色宜用青、綠、紅、橙、紫等暖色色系。

（二）出生在新曆五月六日（立夏）至八月八日（立秋），屬熱命，居所顏色宜用白、金、銀、黑、灰、藍等冷色系列。

（三）出生在新曆三月六日（驚蟄）至五月六日（立夏），屬百搭命，為平命，居所採用甚麼顏色都可以。但比較起來，仍以冷色色系為佳。

若一起居住的人寒、熱命皆有，就可採用中性顏色，如米、啡、黃等。要是用錯色，便會破損屋內的風水。就算住在當運樓，好運亦會減輕；但要是所住的早已不是好風水的房屋，壞運氣便會雪上加霜。

或許你會問，整間屋每一個角落所用的顏色，是否都要跟自己的命配合？錯！其實只要選對地磚、牆壁及窗簾顏色便可，其他部分及傢俬擺設並沒有嚴格的規定，而廁所及廚房的用色亦無所謂。

但要是大廈外牆的顏色與命格不配合，便唯有盡量利用屋內的顏色，不過這樣只能事倍「運」半。

燈光分冷暖

暖光，適合寒命人，指黃色燈光；冷光，適合熱命人，指白色燈光。但不管是白色、黃色，宅內只宜採用柔和的光度。因為光度太強，會令屋內陽氣過盛，令宅中人精神緊張；相反，光線太暗，就會陰氣過重，令人無精打采懶洋洋。

養魚玄機

魚除了有觀賞作用外，在風水學上亦能起一定的作用。風水學有「山管人丁水管財」之說，而在天然環境裏頭，水包括海水、河水、湖水、池水，而現代社會的低地馬路、高速公路亦可作水計算。水曲則有情（如吐露港公路、維多利亞港），水直則無情（如往舊機場之天橋、沙田城門河）。

天然之水我們無法控制，又或者居處並不近水，便無法借此為用。然而，室內之水卻在我們的控制範圍之內，所以佈置家居風水時，經常都會在室內放水催財，又不論魚缸、清水、鮮花、水種植物皆可為用。住在平房式屋宇者，更可在門前放水池，或在花園放水以起催財作用。

然而，水不可以亂放，而魚亦不可亂養，因為養魚既可用以催財，亦可用來化煞及鬥煞。如位置適當，可起正面作用，相反就會導致破財及疾病。

催財用

簡單而言，在大門旁放魚缸，則不論任何運數皆有催財之用，而在住屋的大門前設魚池亦然。值得注意的是，切忌在屋後正面位置放水，因為這樣必然傷丁，導致身體欠佳，家人不睦。

大體而言，以地運計算，可分江東卦、江西卦、南北卦。二、三、四運為江西卦，利西面放魚缸；六、七、八運為江東卦，利東面放魚缸；一、九運為南北卦，利南北位置放魚缸。

從以上理論，當可察覺只有一、二、三、四、六、七、八、九共八個運，與平常所言之「三元九運」有所出入。原來風水學上除了有常用的三元九運外，尚有二元八運，其用處是計算地運興衰，靜而不用。至於三元九運，就用以計算屋運興衰，動而待用。又八運與九運之計算方法略有不同，但皆以一百八十年為一個循環，與三元九運吻合。

現提供三元八運、江東一片水、江西一片水之計算方法及其年分：

三元八運之法是以先天卦位配後天卦數而成，如無一定基礎，實難以明白。所以，我在這裏只提供其年分而不提供其計算方法，希望各位讀者見諒。

一運——☷坤卦，一八六四年——一八八一年（共十八年）

二運——☴巽卦，一八八二年——一九〇五年（共廿四年）

三運——☲離卦，一九〇六年——一九二九年（共廿四年）

四運——☱兌卦，一九三〇年——一九五三年（共廿四年）

上元一、二、三、四運，十八年加廿四年加廿四年加廿四年共九十年，為上元一片，屬江西一片。

六運——☶艮卦，一九五四年——一九七四年（共廿一年）
七運——☵坎卦，一九七五年——一九九五年（共廿一年）
八運——☳震卦，一九九六年——二〇一六年（共廿一年）
九運——☰乾卦，二〇一七年——二〇四三年（共廿七年）

下元六、七、八、九運，二十一年加二十一年加二十一年加二十七年共九十年，為下元一片，屬江東一片。上下兩元相加，正好為一百八十年，與三元九運飛星法一樣，但水運計法卻有所不同（欲得知三元九運風水法，可參考本人另一著作《蘇民峰風生水起巒頭篇》）。現時為九運乾卦，由於北面水運當旺（由二〇一七至二〇四三年），故可在宅之北面放置魚缸，以起催財、旺財之作用。

總而言之，養魚要視乎人之不同命造、不同地運，然後再以魚兒的顏色及數目來配合命格。

養魚顏色

寒命人利青、綠、紅、橙、紫等七彩顏色。

熱命人則宜養白、金、銀、黑、灰、藍等冷色。

平命人則任何顏色皆可，只要配合條數便成。

養魚數目

魚的數目一般會用——一條加六條共七條；二條加七條共九條；三條加八條共十一條；四條加九條共十三條。

以上一條加六條的意思是：一條一種色的魚，配另外六條另一種色的魚；或一條不同之魚種，配六條另外不同的魚種。以上之法，乃天一生水，地六成之，一為生數，六為成數，有生有成即為圓滿之數。而五與十為土，不會運用，因為五在一、六，二、七，三、八，四、九當中，萬物皆賴土方可有成。

但以上之數在養魚的時候不容易配合，因魚兒或會死掉，以致不能構成生成之數。如能構成此數而魚兒過了一段時間（一個月）又沒有死去，此魚缸才能起較大的催財作用。所以，各位讀者不一定要跟隨此數，只要魚缸配合江東、江西卦，或放於大門旁即可。

以下為不同年分，宜飼養之魚兒數目：

六十甲子

甲子年——一九二四及一九八四年——一加六共七條

乙丑年——一九二五及一九八五年——三加八共十一條

丙寅年——一九二六及一九八六年——二加七共九條

丁卯年——一九二七及一九八七年——一加六共七條

戊辰年——一九二八及一九八八年——四加九共十三條

己巳年——一九二九及一九八九年——三加八共十一條

庚午年——一九三〇及一九九〇年——三加八共十一條

辛未年——一九三一及一九九一年——四加九共十三條
壬申年——一九三二及一九九二年——一加六共七條
癸酉年——一九三三及一九九三年——二加七共九條
甲戌年——一九三四及一九九四年——二加七共九條
乙亥年——一九三五及一九九五年——三加八共十一條
丙子年——一九三六及一九九六年——一加六共七條
丁丑年——一九三七及一九九七年——四加九共十三條
戊寅年——一九三八及一九九八年——三加八共十一條
己卯年——一九三九及一九九九年——二加七共九條
庚辰年——一九四〇及二〇〇〇年——一加六共七條
辛巳年——一九四一及二〇〇一年——三加八共十一條
壬午年——一九四二及二〇〇二年——二加七共九條
癸未年——一九四三及二〇〇三年——四加九共十三條
甲申年——一九四四及二〇〇四年——三加八共十一條

乙酉年——一九四五及二〇〇五年——四加九共十三條

丙戌年——一九四六及二〇〇六年——一加六共七條

丁亥年——一九四七及二〇〇七年——三加八共十一條

戊子年——一九四八及二〇〇八年——二加七共九條

己丑年——一九四九及二〇〇九年——四加九共十三條

庚寅年——一九五〇及二〇一〇年——三加八共十一條

辛卯年——一九五一及二〇一一年——二加七共九條

壬辰年——一九五二及二〇一二年——一加六共七條

癸巳年——一九五三及二〇一三年——四加九共十三條

甲午年——一九五四及二〇一四年——四加九共十三條

乙未年——一九五五及二〇一五年——二加七共九條

丙申年——一九五六及二〇一六年——三加八共十一條

丁酉年——一九五七及二〇一七年——四加九共十三條

戊戌年——一九五八及二〇一八年——一加六共七條

己亥年——一九五九及二〇一九年——二加七共九條
庚子年——一九六〇及二〇二〇年——二加七共九條
辛丑年——一九六一及二〇二一年——一加六共七條
壬寅年——一九六二及二〇二二年——四加九共十三條
癸卯年——一九六三及二〇二三年——三加八共十一條
甲辰年——一九六四及二〇二四年——三加八共十一條
乙巳年——一九六五及二〇二五年——二加七共九條
丙午年——一九六六及二〇二六年——四加九共十三條
丁未年——一九六七及二〇二七年——一加六共七條
戊申年——一九六八及二〇二八年——三加八共十一條
己酉年——一九六九及二〇二九年——三加八共十一條
庚戌年——一九七〇及二〇三〇年——四加九共十三條
辛亥年——一九七一及二〇三一年——二加七共九條
壬子年——一九七二及二〇三二年——三加八共十一條

癸丑年——一九七三及二〇三三年——一加六共七條

甲寅年——一九七四及二〇三四年——二加七共九條

乙卯年——一九七五及二〇三五年——一加六共七條

丙辰年——一九七六及二〇三六年——四加九共十三條

丁巳年——一九七七及二〇三七年——二加七共九條

戊午年——一九七八及二〇三八年——三加八共十一條

己未年——一九七九及二〇三九年——一加六共七條

庚申年——一九八〇及二〇四〇年——二加七共九條

辛酉年——一九八一及二〇四一年——三加八共十一條

壬戌年——一九八二及二〇四二年——四加九共十三條

癸亥年——一九八三及二〇四三年——一加六共七條

化煞用

如遇屋外有尖角煞、鐮刀煞、針煞、三叉、八卦、魚骨天線，皆可用魚缸化解，因以上各種煞氣，除八卦煞外，皆有鋒利之象，易損人口。剛好魚缸為水，有解刀鋒煞之效用。正所謂「抽刀斷水水更流」，故魚缸之動水可起化煞之效。

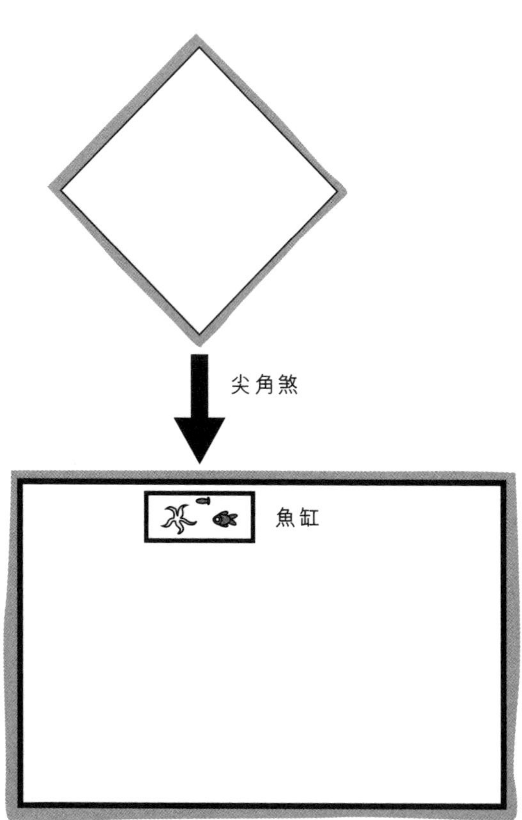

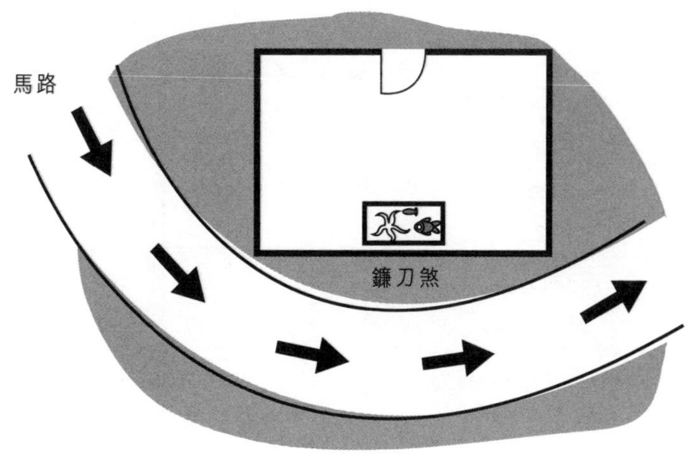
馬路
鐮刀煞

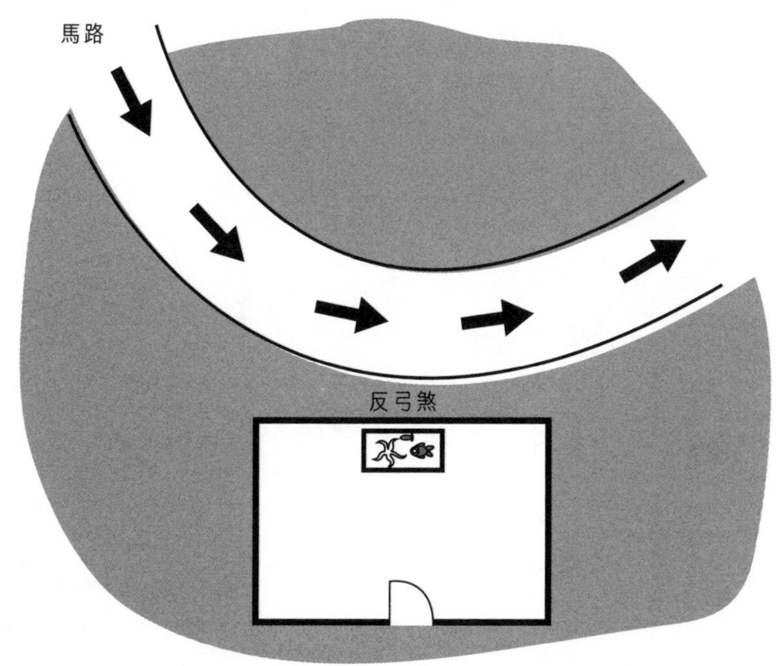
馬路
反弓煞

風水天書

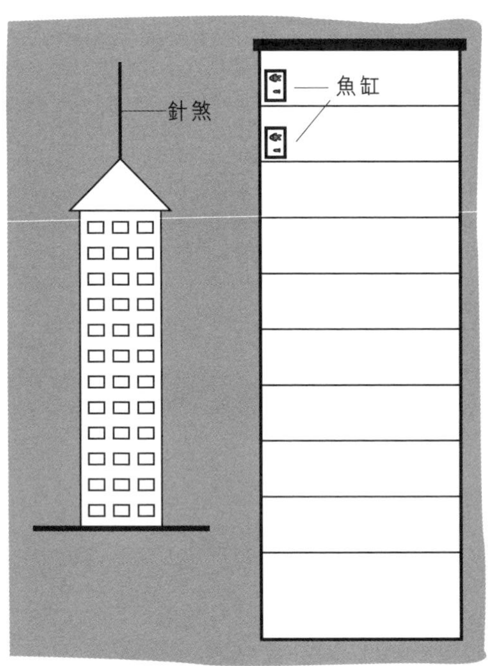
針煞
魚缸

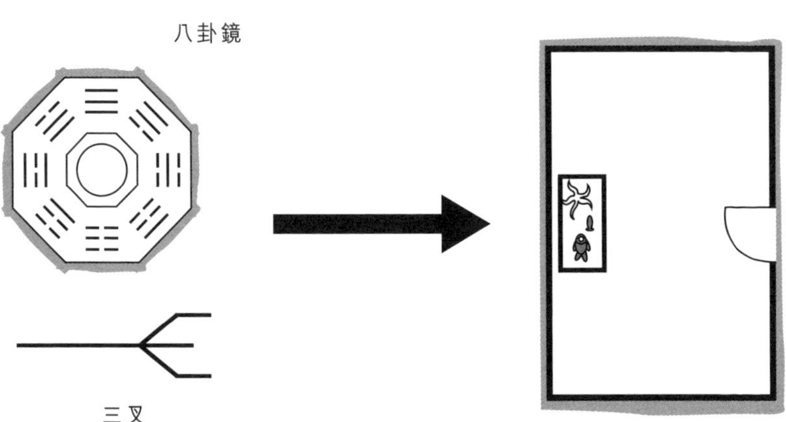
八卦鏡
三叉

鬥煞

如遇有高壓電塔、焚化爐煙囪、電燈柱、紅色尖塔、鮮紅色建築物等帶有火煞之物，均可用魚缸來鬥煞。因魚缸屬水，而紅色、電、焚化爐等屬火，故可以水制火。制煞以後，更可利用此等煞氣化為己用。如高壓電塔、煙囪等形狀似文筆，以水制火後，便可化為文筆之用，有利讀書。

高壓電塔

焚化爐煙囪

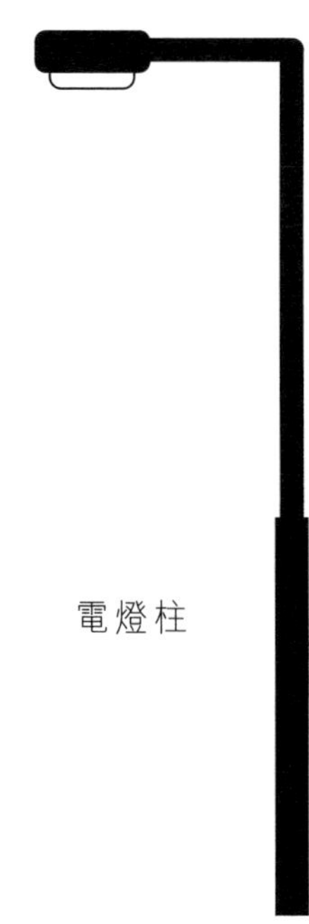

電燈柱

化煞、鬥煞養魚條數

一般進行鬥煞、擋煞、化煞、制煞時，皆會用黑色之魚，如黑摩利、黑金魚等。而條數方面，都會用上六條，因「六」之數為武曲，有制暴之意，為風水飛星中之糾察。

死魚擋煞

一般養魚不論其作用為催財或化煞，如在正常情況下，魚兒在一夜之間突然大量死亡，均為有煞氣及有事情發生之先兆，宜多加留意。同時，宜馬上添加新魚，以作填補。

假魚缸

市面上有些假魚缸擺設，無論是便宜至數十元之膠魚缸，抑或貴至上萬元的電視魚缸，甚至電動魚、電動水母等，皆為沒有生命之物，當作擺設無妨，但不能起催財、化煞、鬥煞之用。

讀書催文昌法

文昌位有利讀書，相信大家都知道，但要如何善加利用？就讓我教大家吧！

除了在家中文昌位及每年的流年文昌位放毛筆、筆架、四枝富貴竹來催旺文昌外，亦可因應窗外之景物而催旺文昌（流年文昌位可參考每年《通勝》或流年運程書之四綠位置，即是文昌位置）。

（一）窗外望見筆架

香港元朗之丫髻山、九龍之筆架山，因形似筆架，所以有利文人、讀書人，又古代亦稱之為「狀元峰」。

丫髻山

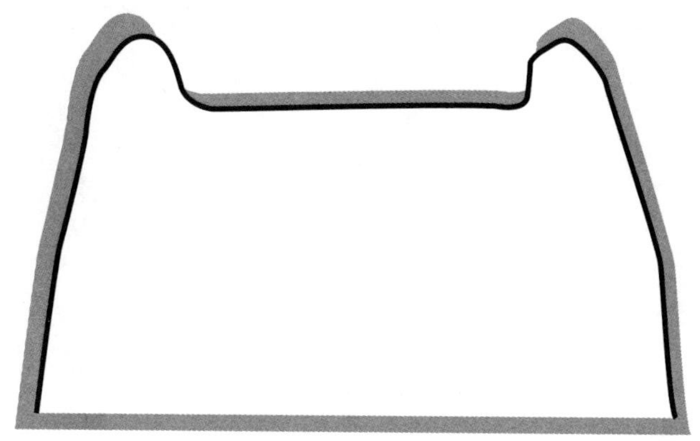

此山形似皇帝所下之詔書，所以有加官晉爵之意，為出狀元、出官貴之峰，最利讀書人及從事文職工作之人士。

筆架山

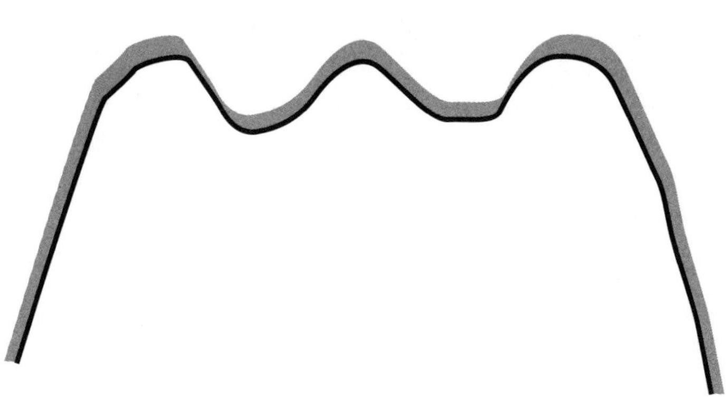

形似筆架，對文人最為有利，亦利於從事創作性工作之人士。

（二）窗外見煙囪

煙囪形狀似筆，雖然帶有火煞，但經過海河之水氣過濾，化掉火煞後，便可收為己用。然而，不是每間看見煙囪的房子都有海或河在中間，所以亦可在窗外自製河海化掉火煞，又河海意指魚缸、一桶水、插花或任何散發出水氣之物。

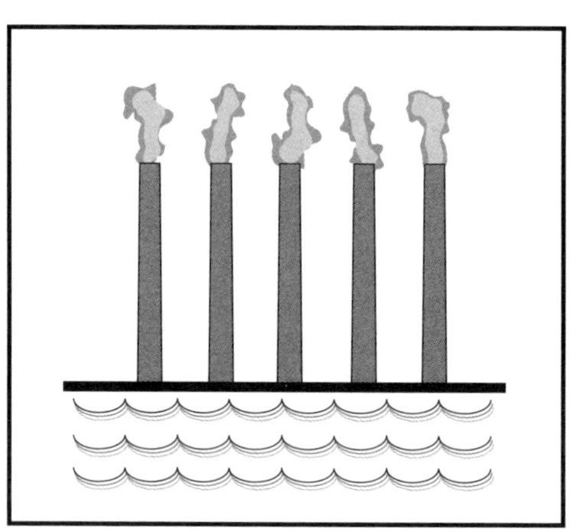

（三）窗外見電塔

電塔之形亦似筆峰，然而火氣更重，又電塔多建於內陸之地，少有機會隔着海河，所以必須在室內自行化解，方可化為文昌之用。化解之法，就是用凹鏡對着電塔，然後在鏡前放水，從而將煞氣收近再將之化掉。如電塔距離太近，就宜放音樂盒、植物及大水化解，然後方可化電塔為文筆之用。否則文昌不來，引煞入屋，後果必然嚴重。

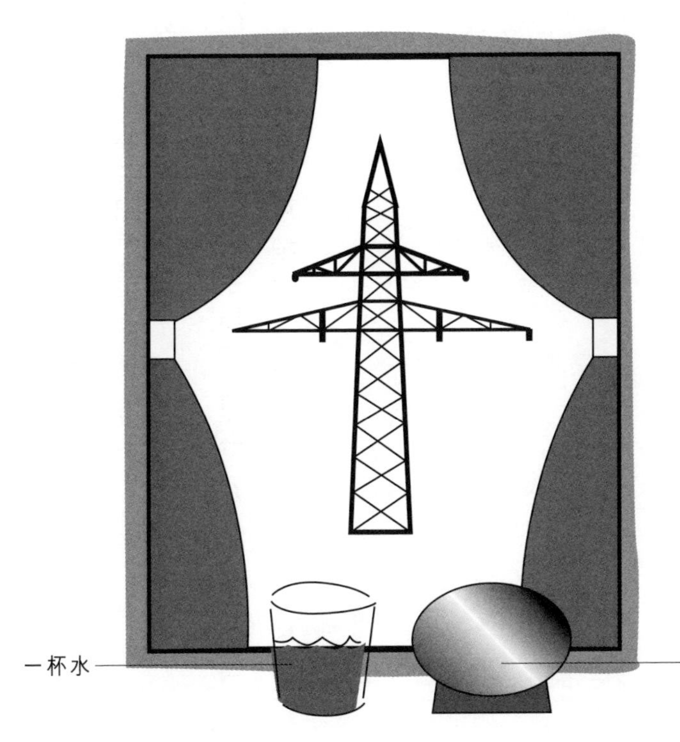

（四）電線桿

鄉郊地區之電線桿，多數以木為材料，其形亦似毛筆桿。雖然帶有火煞，但煞氣不重，所以只要放水在書桌與電線桿中間即可。

又文昌屬木，文曲屬水，其數為一及四。玄空紫白訣有云：「一四同宮，發科名之顯」，所以亦可以在書桌上放四枝水種植物，以起催旺文昌之用。

人為煞氣

現代城市，地少人多，很多時都會出現跟鄰居門對門、窗對窗的情況。若彼此能和睦相處，自然最理想。最怕一言不合，在門外掛三叉、八卦、門神等，被對的一方便會受到不良的影響，輕則家宅不寧，家人不睦，重則疾病叢生，屢醫無效。

如面對此等情況，首先當然是好言相向，請對方把這些物件除下。如別無他法，就要對症下藥，進行化解。

（一）八卦對門

可在大門外左右兩角吊植物化解。如不能放在門外，吊在門內亦可。

（二）凸鏡對窗

可用窗紗或多葉、尖葉植物化解。如不能放在窗外，吊在窗內亦可。

（三）八卦對窗

可用窗紗或多葉植物去擋，如仙人掌類就是一典型用以擋煞的植物。另外，你亦可在屋內的窗前或窗外放一面凸鏡以生反射作用，從而將煞氣消解。但不要用錯凹鏡，因凹鏡有吸之作用，不只不能消煞化煞，更會把煞氣吸到屋內，形成更嚴重之煞氣。

（四）三叉相對

三叉形狀似夜叉之叉，由於三叉對門、對窗皆會引致人口損傷，所以為損人而不利己之物。化解之法，就是用植物、磨刀石、鮮花等物件對着三叉之處。

（五）門神相對

古代新年之時，家家戶戶都會貼一對門神在門外，以求來年合家平安。但因現代居住環境狹窄，常常穿門對戶，以致出現門神對着對方大門的情況。由於門神手執關刀，手握長劍，帶有煞氣，難免會令對方家宅不寧。所以各位讀者在貼門神之前，首先要留意會否影響別人。如會的話，就不放門神為妙，因風水學從來都不主張損人利己（但財神不在此例）。

化解之法，唯有在鐵閘裏面，暗中放鏡對着門神，從而將煞氣反射過去，但這樣鬥煞必有一方損傷。所以，最好還是以和為貴，先請對方把門神除下。倘若對方不願意，別無他法，方用鏡去相鬥。

（六）對戶有符咒相對

一般家宅門頂貼靈符，主要是祈求合家平安，所以影響不大，不用化解。

（七）門前吊《通勝》、羅庚

這樣做實在沒有意思，亦沒有煞氣，所以不用化解。又有人説羅庚等如一個大八卦，故有鬥煞之作用。事實上，羅庚的確可以用來鬥煞，但不正對着門是不會產生煞氣，不利他人。

（八）窗外有魚骨天線、晾衫竹

其煞氣如三叉一樣，化解方法亦一樣。

（九）窗外有鑊形天線

鑊形天線有「吸」之作用，會把宅中之氣吸走。如窗外正對之，就一定要化解，其化解方法如下：

方法一——

在窗前掛一隻鑊蓋，象徵把鑊蓋着。

方法二——

窗前貼反光玻璃紙，防止其氣入屋，吸走屋內之氣。

方法三——

用凸鏡去擋，把其氣反射出去，可免其氣進入屋內。

（十）窗外對玻璃幕牆

這種情況稱之為「鏡煞」，如有陽光反射入屋則稱之為「光煞」，又不論鏡煞或光煞都容易令人神經緊張，無法鬆弛，脾氣壞，無忍耐力，失眠等。

化解方法，就是在窗前掛窗紗或窗簾化解。

（十一）窗外對天井

在舊型屋邨，很多房間的窗都會對着天井。天井本來用作流通空氣，但因年代久遠，不少天井已成蟲蟻滋生、垃圾滿佈之地，結果反而對身體健康構成不良的影響。化解之法，就是常關窗戶，利用空調來使空氣流通。

催桃花、化桃花

香港地小人多，一般住屋單位常常會出現大門對廁所、房門對廁所、牀對廁所等情況，又這類單位在風水學上稱為「桃花屋」。其實，桃花不單指男女感情，就連夫婦關係、有沒有兒女、會否生病也與之有莫大關係。

桃花屋

（一）大門對廁所

大門對廁所，會令腎、膀胱、泌尿系統常常出現問題，引致婦女難於受孕、小產、假懷孕、宮外孕等，所以不論單身或已婚者，遇此桃花屋均要化解。又單身者可化一半，留一半；而已婚者則宜徹底化解。

化解方法：

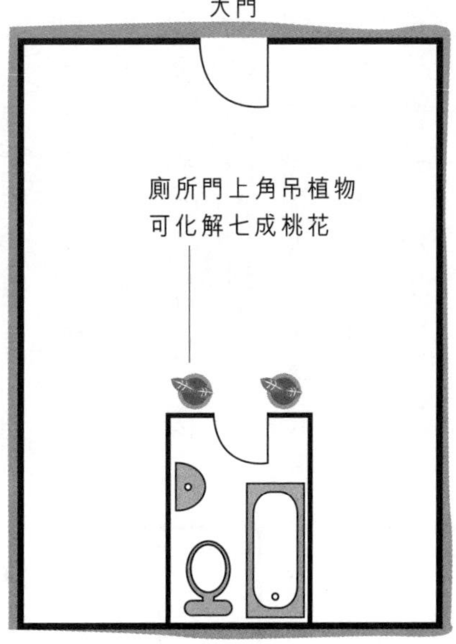

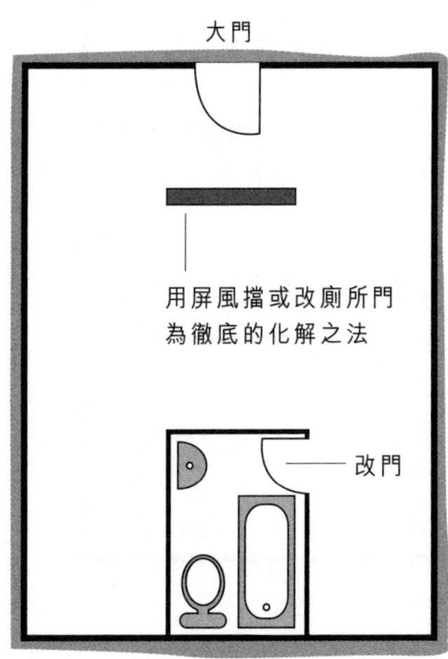

（二）房門對廁所

此種情況最為常見，尤幸其影響力最少，甚至對單身人士有利。事實上，即使是已婚人士，遇此情況亦很容易化解。另外，小孩的房間門如對着廁所門，亦有利人緣，令其在校內更易交新朋友、更受歡迎，得以愉快學習。

化解方法：

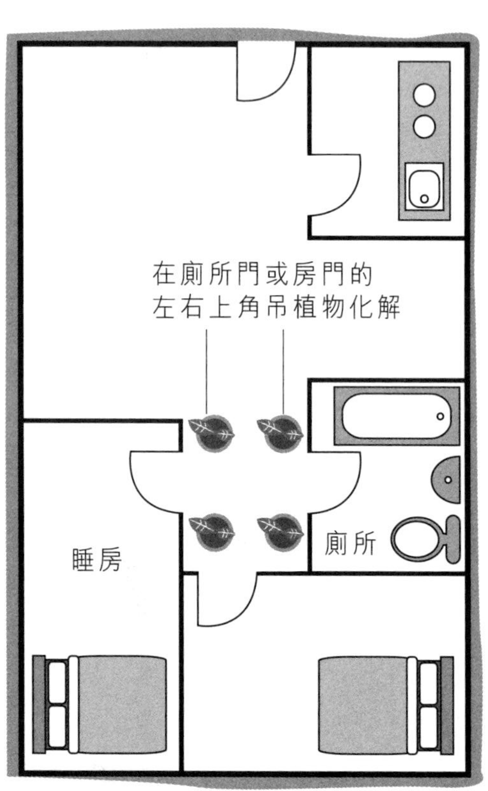

（三）牀對廁所

此種情況的嚴重性更甚於大門對廁所，雖對單身人士有利，易有桃花，卻容易認識到有夫之婦或有婦之夫，從而招惹感情煩惱。同時，牀對廁所還會引發腎、膀胱、泌尿系統之問題。但自問身體強健者，其實可不用化解，因桃花亦代表人緣，所以化掉桃花亦會化掉人緣。對於已婚人士，此局則有凶無吉，為了婚姻和健康，一定要化解。

化解方法：

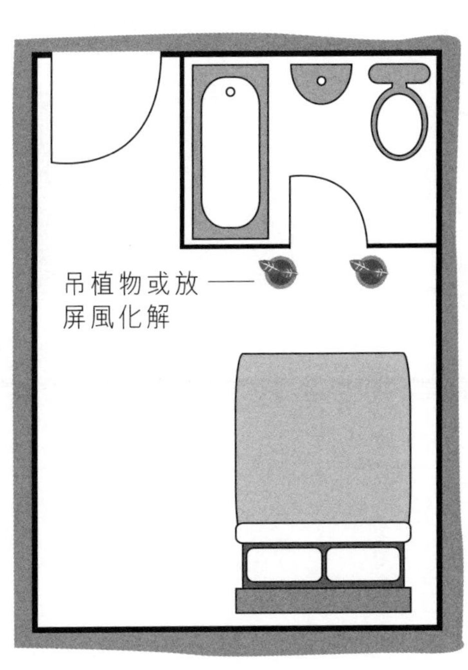

如遇牀對廁所，又不能把牀移到不對廁所之處，最徹底的化解方法，就是放置屏風。如沒有地方放屏風，就唯有經常關上廁所門，並在廁所門之左右上角各吊一盆植物化解。

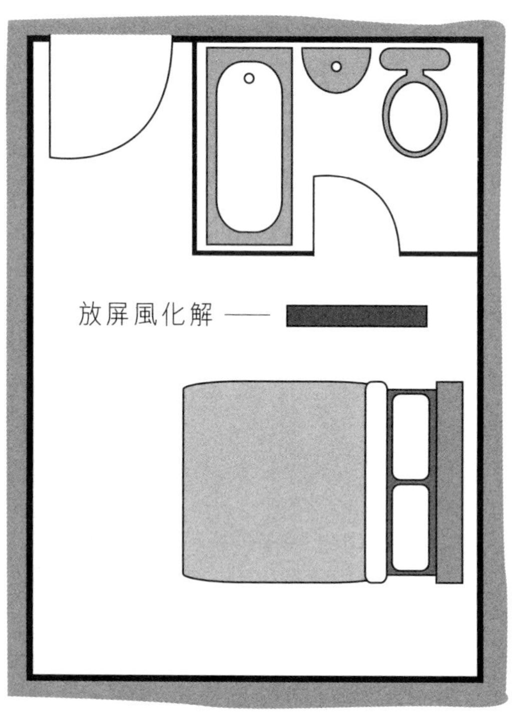

（四）睡在家中桃花位

睡在家中桃花位一般問題不大，對於單身人士而言，既利桃花，亦利人緣。至於已婚人士，則只要雙方皆從事要經常接觸人之工作，亦能增旺人緣，故不一定要化解。不過，如果你只是從事案頭工作，不用常常接觸人的話，則容易變成桃花，故要化解。

家中桃花位會因大門方向不同而落在不同之方位：

大門向南——

桃花位在西北，催桃花可在此位放八顆白色石頭，化桃花則放水一杯。

大門向西南——

桃花位在正東，催桃花可在此方位放一杯水，化桃花則放紅色物件。

大門向正西——

桃花位在東北，催桃花可在此方位放紅色物件，化桃花則放金屬發聲物件（如音樂盒、鈴、舊鑰匙等）。

大門向西北——

桃花位在正西，催桃花可在此方位放八顆白色石頭，化桃花則放水一杯。

大門向正北——

桃花位在西南，催桃花可在此方位放紅色物件，化桃花則放金屬發聲物件。

大門向東北——

桃花位在正南，催桃花可在此方位放四棵泥種綠色植物，化桃花則放八顆白色石頭。

大門向正東——

桃花位在東南，催桃花可在此方位放一杯水，化桃花則放紅色物件。

大門向東南——

桃花位在正北，催桃花可在此方位放金屬發聲物件，化桃花則放四棵泥種綠色植物。

註：大門方向是指人站在屋內，面向大門外的方向，又此法亦適用於辦公室或自己的房間。

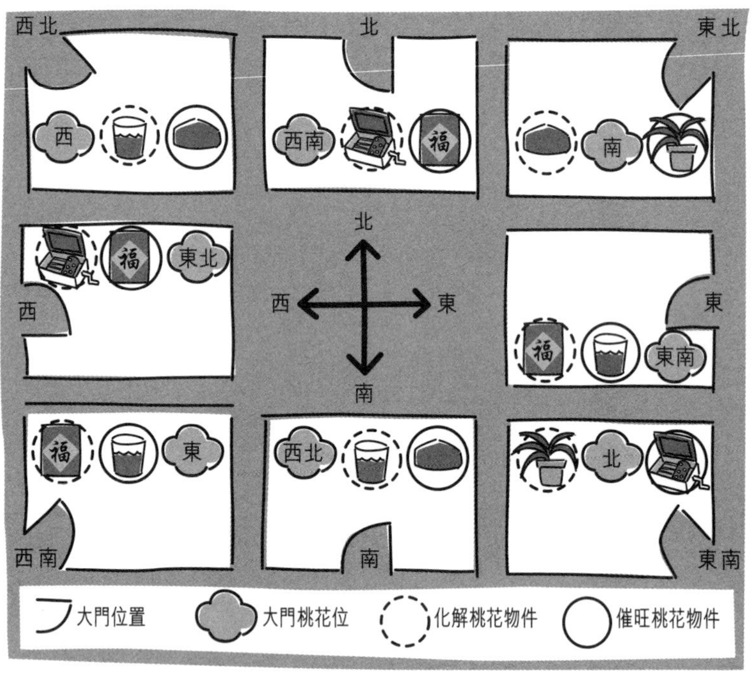

水

紅色物件

植物

石頭

音樂盒

擇日基本法

擇個吉日，揀對時辰才動手搬屋，搬得順利之餘，之後又住得安心，運氣自然更好。現在就教你如何看《通勝》、擇吉日、揀時辰搬屋入伙。只要再配合簡單的入伙儀式，就包保你安居樂業，大吉大利。至於要否配合宗教儀式，則視乎個人的信仰而定。

搬屋入伙流程

步驟一——擇吉日

翻開《通勝》，在「宜」字下面見到「移居」、「移徙」或「安牀」字眼的日子，就可以搬屋及安裝睡牀。又或見到「入宅」一詞，亦表示該日適宜入伙。

步驟二——查相沖生肖

在《通勝》裏頭，適宜入伙、安牀或搬屋的日子，都會附有一個地支（每個地支代表一個生肖），又此地支會沖剋另一個地支（見下頁「相沖生肖索引」），所以要小心。

宜
祭祀會友移徙裁衣
納財修造動土豎柱
上樑安床栽種納畜
下兀
月忌
重日
無祿

宜
祭祀祈福入學會友
出行嫁娶納采裁衣
開市移徙修造動土
上樑安門作灶醞釀
班煞
復喪
歸忌
俱將
復日

宜
祭祀嫁娶作灶捕捉
重喪
五虛
寡宿
無祿

宜
入學會友出行訂婚
納采移徙修造動土
豎柱上樑安床開倉
修置產室栽種成服
田鼠化為鴛
水痕
債不
血忌
火星

《通勝》第二頁

為使讀者更加明白，現舉例如下：

如揀選了戌日，就表示肖狗日沖剋肖龍的家人，如家中有屬龍的家人遇戌日入伙，就要在進行入伙儀式時離開一會。

相沖生肖索引：

地支	所沖生肖
子（鼠）	午（馬）
丑（牛）	未（羊）
寅（虎）	申（猴）
卯（兔）	酉（雞）
辰（龍）	戌（狗）
巳（蛇）	亥（豬）
午（馬）	子（鼠）
未（羊）	丑（牛）
申（猴）	寅（虎）
酉（雞）	卯（兔）
戌（狗）	辰（龍）
亥（豬）	巳（蛇）

步驟三——選吉時

入伙當日要選取吉時進行儀式，又《通勝》通常會用紅色字表示吉時，例如「子吉」、「丑吉」等。但如見到「寅中」、「辰中」等字，亦宜入伙，只要不是用黑字寫「凶」就可以。

時辰與時間對照表：

時辰	時間
子時	23:00 至 1:00
丑時	1:00 至 3:00
寅時	3:00 至 5:00
卯時	5:00 至 7:00
辰時	7:00 至 9:00
巳時	9:00 至 11:00
午時	11:00 至 13:00
未時	13:00 至 15:00
申時	15:00 至 17:00
酉時	17:00 至 19:00
戌時	19:00 至 21:00
亥時	21:00 至 23:00

步驟四——煲水取意頭

萬事俱備，就可以進行入伙儀式。

首先，要開爐煲水，然後飲一口水，便代表這間屋已正式入伙、正式運作了。另外，你亦可以選擇煮飯。不過，記得煮熟的飯和煲滾的水要飲食才算正式入伙（如有宗教信仰，則宗教儀式先行，然後再煲水）。

至於公司入伙，則依以上步驟一、二、三進行，而步驟四就改為在入伙前，先用紅紙把招牌蓋住，然後在吉時才把紅紙拿下。如有酒會，亦可以在此時開始。

催財妙法

雖然不是人人都以財運亨通、生意興隆為人生目標，但至少亦要工作順利，兩餐無憂。現在，就讓我教大家催財及保飯碗之法吧！

催財法一

在大門或房門旁放魚缸或水種植物（此法同時亦適用於辦公室大門旁或座位之入口，可在座位入口處放一杯水）。

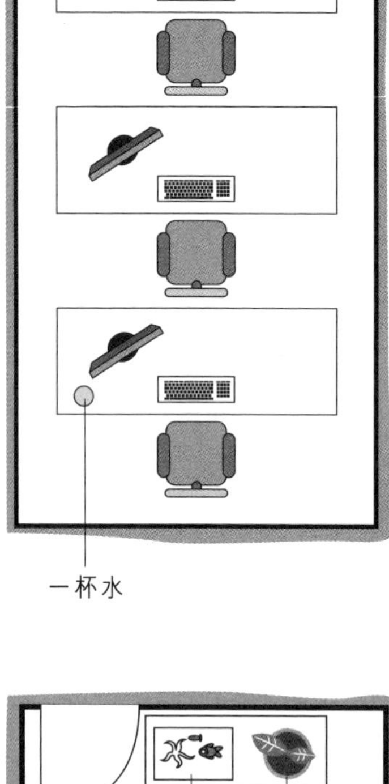

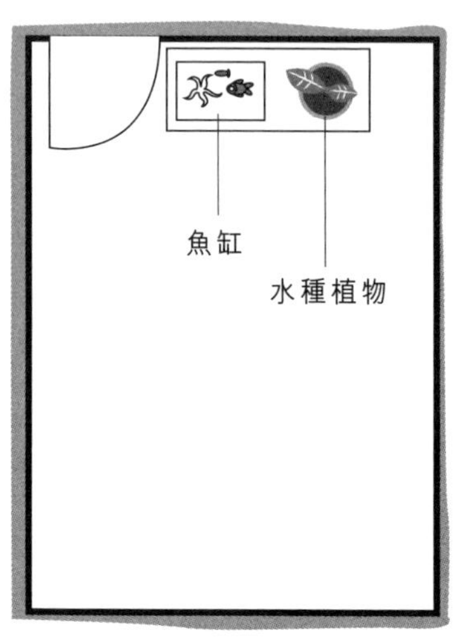

催財法二

在北面放水種植物或魚缸來催財的做法，可用至二〇四三年。又根據物物一太極之法，如果你是公司老闆，就應以公司之北面計；如果你只是員工，則應以你工作範圍之北面計算，在裏頭佈置催財局。至於住屋的擺放方法，亦一樣。

催財法三

流年財位放水催財，七運以七為當運財星，八運以八為當運財星，九運以九為當運財星，而每運可維持二十年。不過，當運星每年會在不同之位置，詳請參考《通勝》第二頁之飛星圖。如二〇〇三年七運，流年七之位置在西北，故可在西北放水催財。

二〇〇四後轉八運，而二〇〇四流年八之位置在東北，故可在東北放水催財。又〇五流年財位在正南，〇六年在正北，〇七年在西南。及至〇九年，

財位在東南，餘此類推。八運至二〇二三年止，又二〇二四年以後九為當運星，屆時可在每年流年九紫火的位置放水催財。

七運時，以七為旺星，六為過去旺星，八為未來旺星，故六、七、八三個位置皆宜放水催財。而二〇〇三年七運時，六在全屋中間，七在西北位置，而八則在正西位置，故可在宅中之中央、正西及西北各放一杯水催財。

二〇〇三年飛星圖

東 \ 南			西
	5	1	3
東	4	⑥	⑧
	9	2	⑦

北

二〇〇四年踏入八運，八成為當運旺星，七是過去旺星，九是未來旺星，故可在七、八、九三個位置放水催財。而二〇〇四年七在正西，八在東北，九在正南，故可在宅中正西、東北及正南位各放一杯水催財。

二〇〇四年飛星圖

南

東				西
	4	⑨	2	
東	3	5	⑦	西
	⑧	1	6	

北

及至二〇二四年，八在正北，九在西南，一在正東，故可在宅中之西南、正北及正東各放水一杯以起催財之用。

二〇二四年飛星圖

南

東 \ 西		
2	7	⑨
①	3	5
6	⑧	4

東（左）　西（右）

北

二〇二七年九運，八在東南，九在中宮，一在西北，故可在宅中之東南、中宮及西北各放一杯水催財。

二〇二七年飛星圖

南

⑧	4	6
7	⑨	2
3	5	①

東（左）　西（右）

北

保飯碗救命局

此法為急催財局，只可短用，超過三個月無效。此局適用於飯碗不保，或要另尋工作，或公司再無生意便會倒閉者。

佈置此局時，可於家宅或公司的正東位置放一缸水，又水內要放一棵海草及一顆黑色石頭。值得注意的是，使用三個月後要停一個月，然後再用。

註：二〇一六年後，此局佈於正北面較佳。或先放正東嘗試，效果不佳再放正北，此辦法可至二〇四三年底。

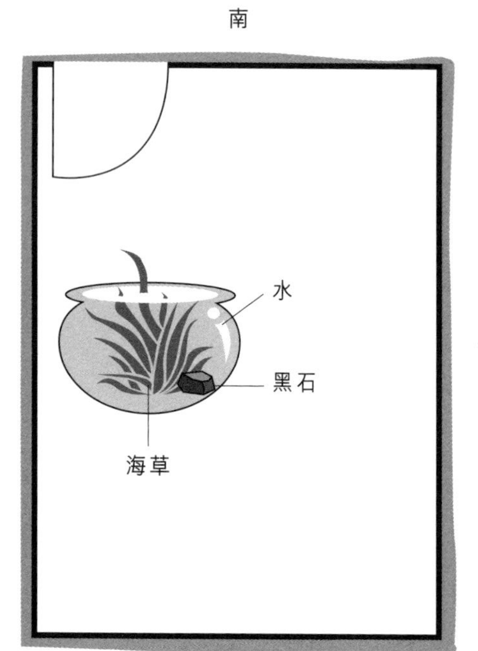

旺身體、催丁法

身體不好，疾病連年，即使家財萬貫，亦無所用。又結婚多年，膝下猶虛，始終若有所失，成了一種遺憾。所以在風水學上，旺身體、化病、催丁亦非常重要。

旺身體方法一

風水學上有「山管人丁水管財」之說，所以周圍的山勢對於居住在這區的人有着一定的影響。例如山肥人富，山瘦人饑；秀山出人俊俏，崇山峻嶺出人有氣勢；山勢平坦，出人陰柔，即使男士亦然。

不過，宅外的環境實在不由我們控制。唯一的辦法，就是在屋內自製靠山——依照背山面海、坐滿朝空之原理，在屋之底部放一顆大圓石頭作為自己的靠山。又現代房屋不是方方正正，所以放此石頭時，亦要依據屋之不同形狀而擺放在不同的位置。

風水天書

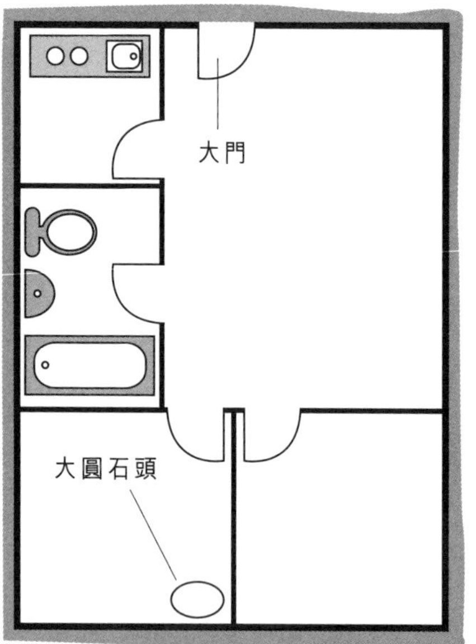
正方形屋
大門
大圓石頭

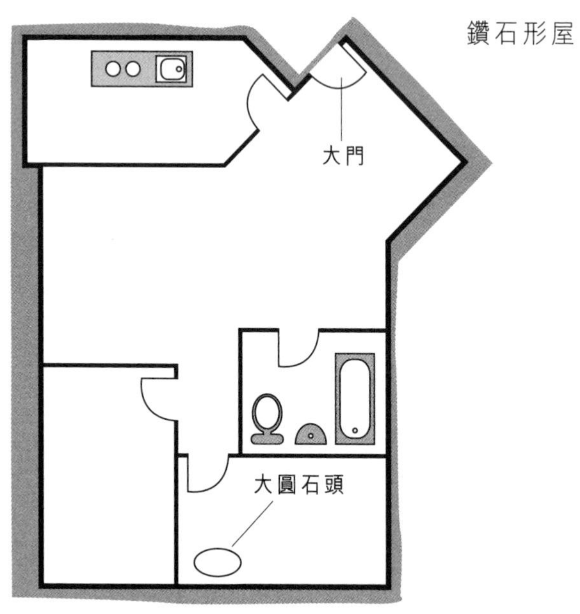
鑽石形屋
大門
大圓石頭

菱形屋

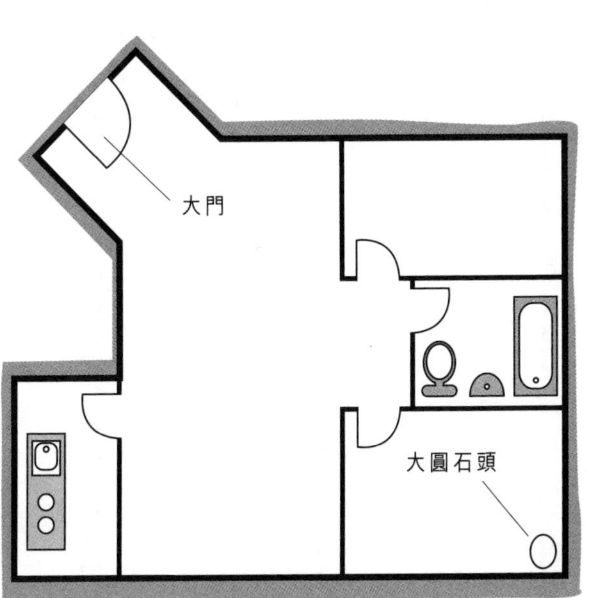

參考過以上三個例子後，便可依據不同形狀之房子來擺放大圓石頭。如不方便使用大石頭，亦可以八粒白色石頭代替。其擺法可參考本書第九十三頁之平面圖。

旺身體方法二

另外，你亦可在正西方放石頭。二〇一六年前為江東卦運，西面有高山大廈者利人丁。依據此原理，則在家中正西位置放高石有催旺身體健康之效。

二〇二四年後可放正南位置嘗試。

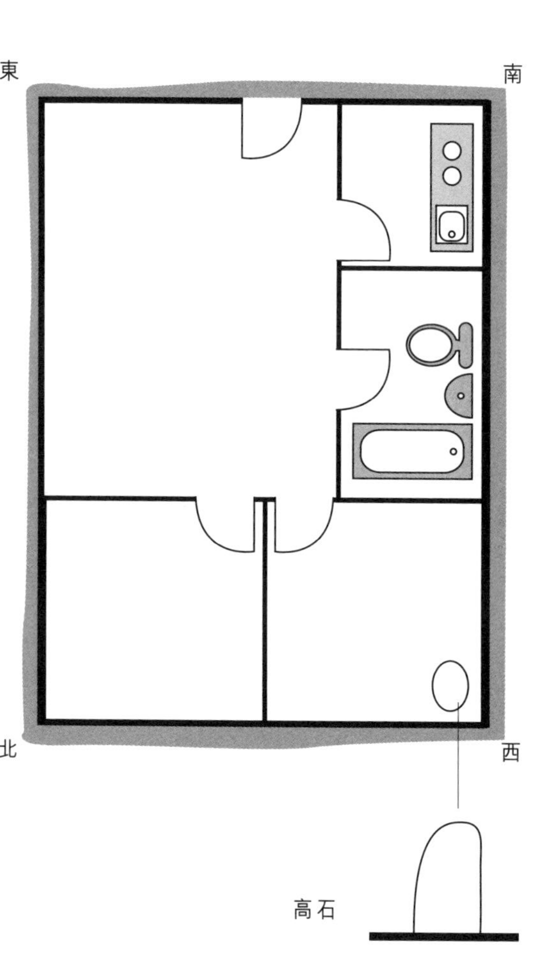

旺身體方法三

在流年旺位放石頭，可催旺身體。

七運時，以七為旺星，故宜於流年七赤運星之位置放石頭旺身體。以二〇〇三年為例，七赤星在西北，故可於西北位放石頭。至二〇〇四年後轉八運，八就成為旺星，故宜於八白土之位置放石頭。

二〇〇四年轉八運，故二〇〇四至二〇二三年此二十年間，八皆為旺星，宜於流年八白土之位置放石頭。

二〇〇三年飛星圖

南

	5	1	3	
東	4	6	8	西
	9	2	(7) 西北方放石頭	

北

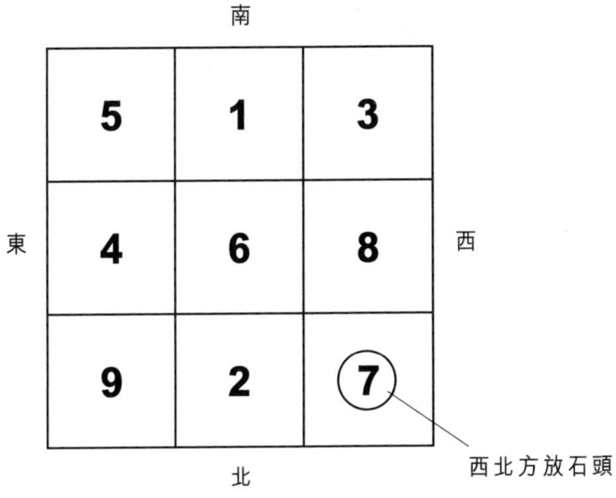

二〇〇四年，八白土之位置在東北，故二〇〇四年宜將石頭放在宅中之東北位。

二〇〇四年飛星圖

		南		
	4	9	2	
東	3	5	7	西
	8	1	6	
		北		

東北方放石頭（8）

二〇二七年九紫火之位置在中宮方，故宜於中宮方放石頭。

二〇三一年九紫火之位置在北方，故宜於正北方放石頭。

二〇二七年飛星圖

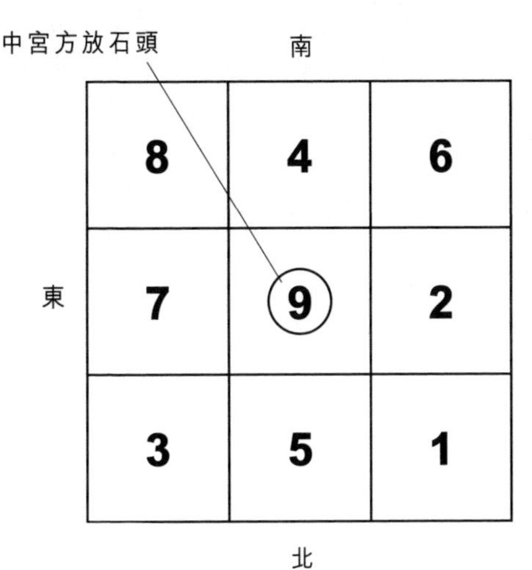

8	4	6
7	9	2
3	5	1

二〇三一年飛星圖

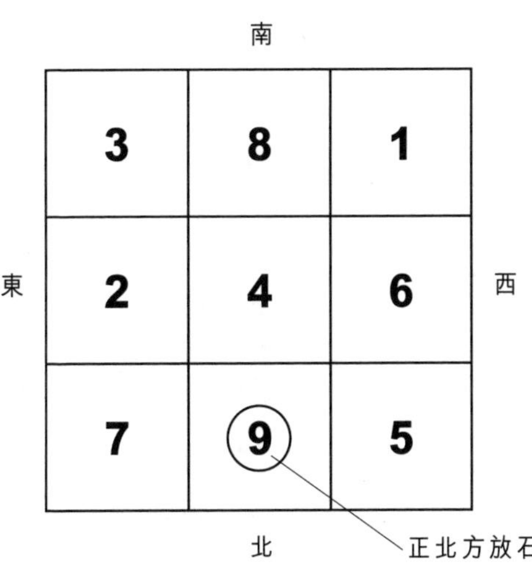

3	8	1
2	4	6
7	9	5

註：此法亦適用於辦公室，有旺員工、旺客人、旺人緣之作用。

化病法

每年的病位都在不同的位置，切要留意並加以化解。又五黃死符為大病位，二黑病符為細病位，如以上病位在大門、廚房，就會令全家人輪流生病；如在房間，則房內之人會生病。

每年五黃、二黑皆在屋中的不同位置，如二〇二一年五黃在東南，二黑在正北；二〇二二年五黃在中央，二黑在西南；二〇二三年五黃在西北，二黑在正東；二〇二四年五黃在正西，二黑在東南；二〇二五年五黃在正北，二黑在正西；二〇二六年五黃在西南，二黑在東北。

如二黑五黃在大門及廚房位置，可在門口放一塊灰色地氈（地氈底要放一塊銅片）及在門上掛金屬發聲物件化解。如在房間，則可在牀頭旁邊放音樂盒化解。

每年五黃、二黑都會在不同的位置，可於《通勝》之第二頁內找到。

註：此法亦適用於辦公室內。

催丁法

東北屬土，西南亦屬土，故可在西南及東北方各放八粒白色石頭，以起催旺人丁、身體之效。

西南方放八粒白色石頭
南
東
西
北
東北方放八粒白色石頭

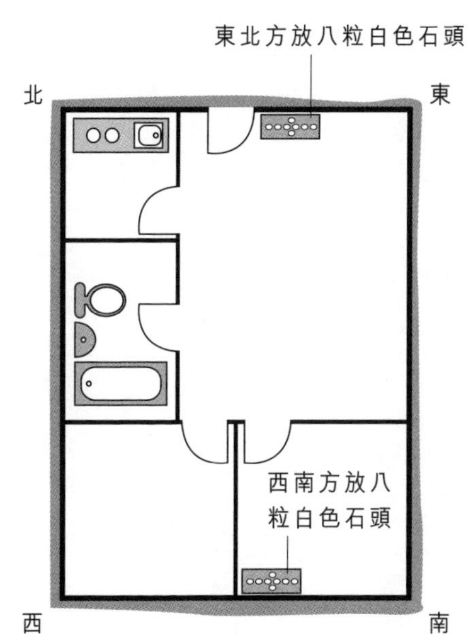

左青龍、右白虎

風水發源自北方，又風水其實是研究環境之伸延。

古代的房屋，每喜坐北向南。而北為玄武，東為青龍，南為朱雀，西為白虎，中位為勾陳，故以左青龍、右白虎來形容屋之左右。

觀乎中國的地形，東面為海、西北為崇山峻嶺、東南為低地、為海，南面為低地，北面為寒凍之地，所以每喜背山面海，或坐北而大門向南，以取冬暖夏涼之效。又春風從東面而來，夏風從南面而來，秋風從西面而來，冬風從北面而來，也就是春夏吹東南風，秋冬吹西北風，而坐北向南之房子正好背向西北，面向東南，所以能起冬暖夏涼之效。

雖然此理論在北方仍然有用，但論及對冬暖夏涼之需要，南方其實沒有北方來得迫切，因為部分南方之地四季如春，有些甚至四季皆炎熱。加上南方之地理形勢亦不一定是西北為山，東南為水，所以上述左青龍，右白虎，前朱雀，後玄武之理論，其實不一定適用。事實上，只有坐北向南才有「左青龍，右白虎」之說，倘若房子坐東向西，左面是南方，右面是北方，是否又應該稱左面南方為「青龍」，右邊北方為「白虎」呢？又坐南向北之房屋，又是否應該左方正西為「青龍」，右邊正東為「白虎」呢？

所以到了現代，「左青龍、右白虎」只是一個名稱而已，並不一定代表青龍是東，白虎是西。又古代理論認為青龍方宜高，白虎方宜低，但這實要配合地理形勢方可定論。

北方的地理西高而東低，所以住屋的左面較高，便能阻截西面來氣，使氣聚於宅堂前方，形成藏風聚氣之風水佳局。又坐北向南之局宜水聚於東方，因地氣界水即止，有山有水便能使陽氣、陰氣同聚堂前。

又坐北向南之方向，一般百姓是不會用的，其向南之坐向只可以偏左或偏右，因正南一百八十度之向，煞氣較重。倘若常人用之，多不能承受其氣，以致家宅不寧，災病叢生。故正向一百八十度多用於皇宮大宅、廟宇等大型建築物。

時至今日，風水學說已不是皇宮貴族之專利。近百年來，南方亦能人輩出，其術甚至流傳至東南亞以至歐美之地，故左青龍要高而右白虎要低之說已不盡然。總而言之，觀察之時一定要分辨地理形勢——氣從左面而來則右方宜高，氣從右面而來則左面宜高。

又青龍、白虎之説，青龍其實代表男性，而白虎則代表女性。青龍高、白虎低，主男性當權；相反，如白虎高、青龍低，則女性當權，此説至今依然合用。

現代之屋苑多由數座組成，有成U字形狀的，亦有成弧形的，又它們皆可用青龍白虎之説去判斷哪一座利男性當權，哪一座利女性當權。

以下例子中之第五座，青龍白虎平衡，主有男女貴人之照顧，為最好之座數；至二、三兩座，則青龍為短而白虎方強，利女性當權；而六、七兩座則白虎短小而青龍方強大，主利男性當權。再至第一座青龍無靠，只有白虎方強大，故此只宜女性居住，相反第八座則只利男性。

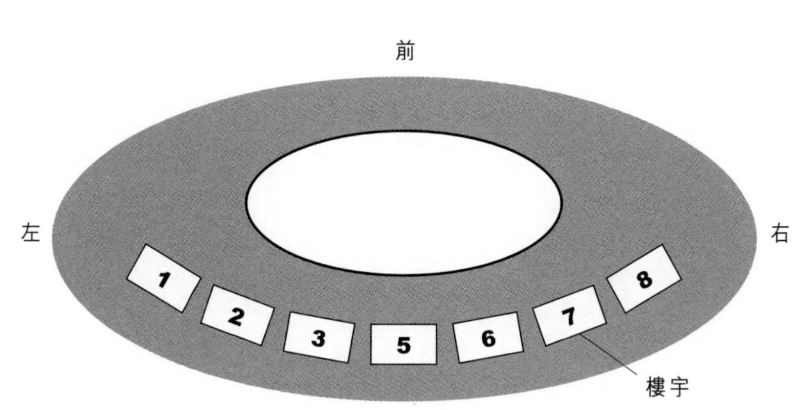

第三章

家居篇

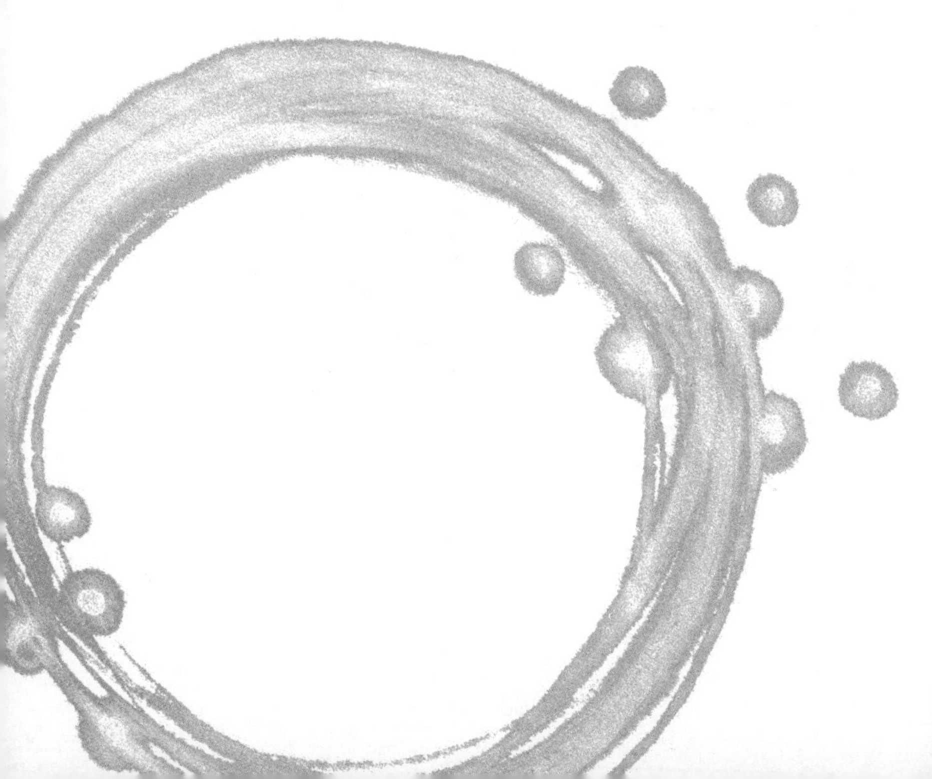

室內缺角

常聽見風水學家説家中缺角，會對某些家庭成員及身體部位構成不良的影響。此話題雖然曾在本人的另一本著作《風山水起巒頭篇》有所論述，但因當中不夠詳細，只是説缺角並無問題，點出缺了桃花位會欠缺人緣、缺了財位則不聚財，缺了凶位反作吉論等情況。但為使讀者更加了解古代著作就缺角之論述，所以現不厭其煩地再在這裏詳細論述。甚麼樣才叫做凸角、缺角？

其實，凸出的一面少於整面多一半的，就叫「凸角」。

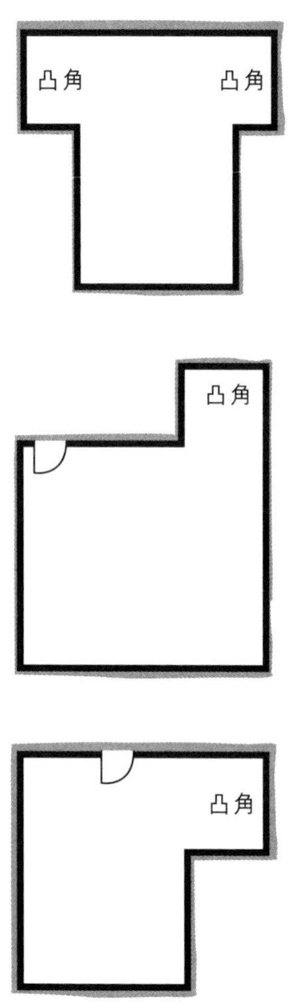

至於缺角，就是凹的一面少於面積的一半。

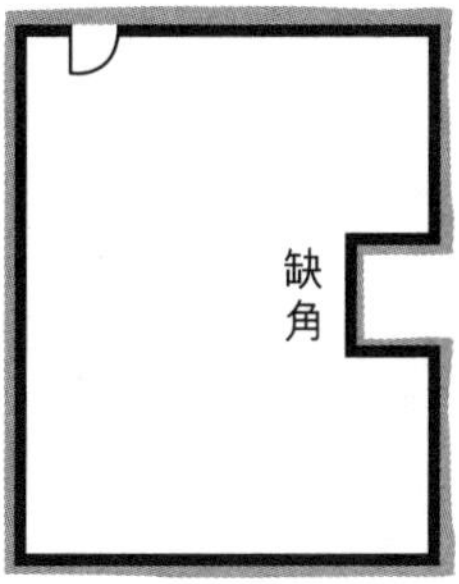

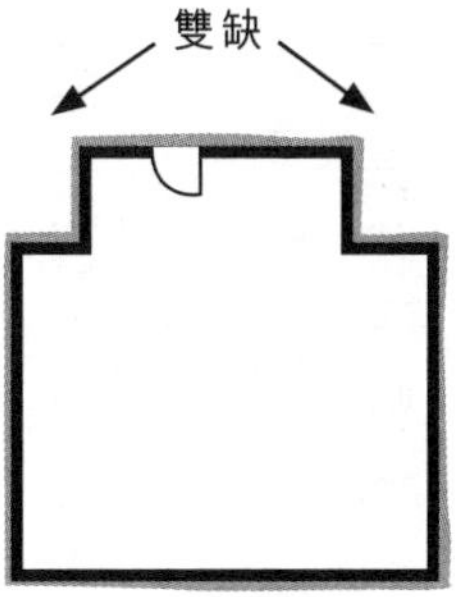

現代建築物出現凸角或缺角的情況極之平常，要是缺角真的會影響身體健康，我想現代大部分的房屋都不能居住了，尤以那些多面缺角的鑽石形屋為甚。

其實缺角會影響身體健康只是古代的一種風水理論，但當中並無經過統計，不過是理論上成立而已。但經筆者多年勘察風水的經驗所得，缺角對於家人的健康並無影響，反為其他問題如廁所對牀、廚房對門、廚房對廁所等，經再三印證之下，發現它們確實有極之不良的影響。事實上，由於現代之居住環境與一百年前已極之不同，所以古代留傳下來之理論已不一定適用。

古代對缺角所帶來的負面影響，完全是根據所缺之角代表哪一個卦象，又哪一個卦象代表哪個身體部位及哪個家人，從而判斷所應之事。

現將八個方向所代表的卦象、家人及身體部位列出如下：正東——震卦，長男，足、肝膽；東南——巽卦，長女，股、肝膽；正南——離卦，中女，眼、心、血、小腸；西南——坤卦，母親，腹、脾、胃；正西——兌卦，少女，口、舌、肺、大腸；西北——乾卦，父親，頭、骨、肺、大腸；正北——坎卦，中男，耳、血、腎、膀胱；東北——艮卦，少男，手、指、背、鼻、脾、胃。

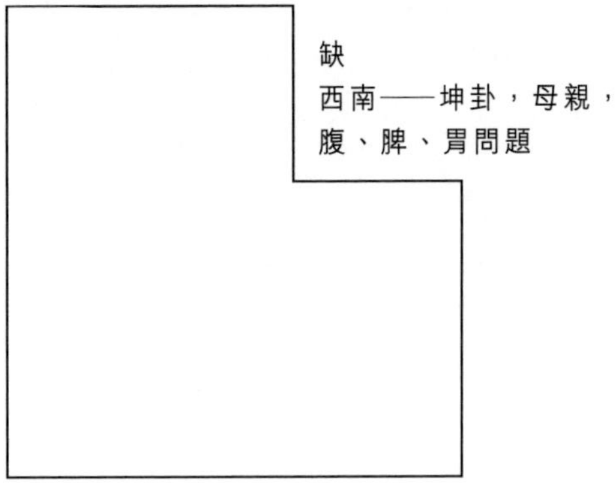

缺
西南——坤卦，母親，
腹、脾、胃問題

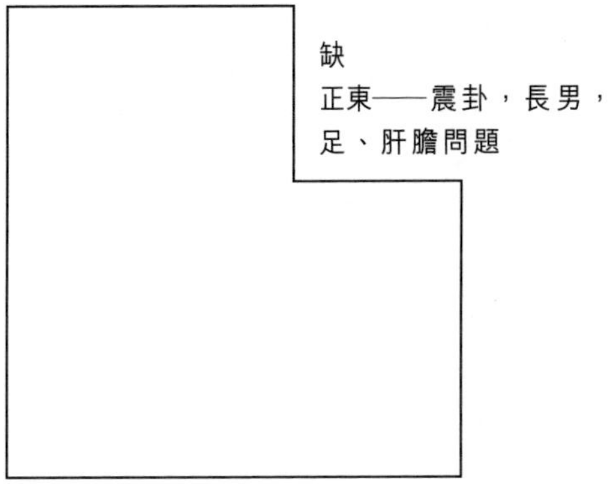

缺
正東——震卦，長男，
足、肝膽問題

從以上資料可知，在不同的方位缺角，會影響不同之家人及身體部位。例如坤方缺角，代表對母親不利，及對宅中人的腹部腸胃不利；震方缺角，代表對此屋之長男不利，及對宅中人的足、股、肝、膽不利，餘皆類此！

★但在此重申，此法只是理論，所應驗之事並不成立。

大門風水

大門風水可討論的範疇包括：形狀；大小；門外對出是否有煞氣；到底是單掩門、大細門抑或雙掩門等。其實大門的形狀沒有特別的規定，只要比房門大即可。總之，屋大門要大，屋小門相對要較小。

宅大門小

門為入氣之處，如屋大門小，陽氣不夠，就會難以入財。雖然宅大門小之局有旺人丁之效，但因不利財聚，故宜將門改大。如無法改動，建議另尋他宅。

宅小門大

陽氣過大，財來財去，又陽氣消散，亦不利人丁，實為難以聚財之局。

單掩門

一般的家居大門皆以單掩為主，只要單位不是太大，便足以納氣有餘。

雙掩門

此門大多出現於豪門大宅。由於此種大宅別具氣派，足以容納雙掩門所帶來之陽氣，因而財氣充足。不過，它們大多不聚人丁。值得注意的是，如宅內面積不足千呎，就無法容納雙掩門所帶來之陽氣，形成宅小門大之局，漏財損丁。

大細門

通常出現於面積較大之住宅內，其面積一般在一千呎以上，足以容納由大門而來之陽氣。事實上，此為最常見之中型住宅大門。

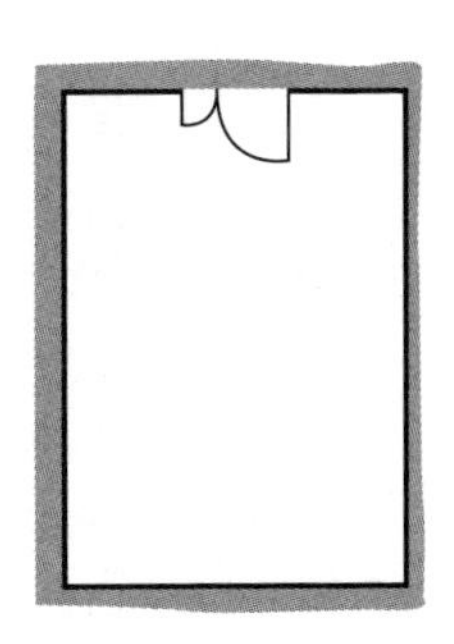

提到大細門，想起有一次客人向我問及，宅門一大一細，是否會令老公包二奶？當時心想，這真是笑話。事實上，無論普通人抑或豪門大戶皆有可能包二奶，怎會大細門就代表包二奶呢？其背後理論是——家有兩扇門，就代表兩頭住家。試想一下，那麼多人包二奶，其家裏是否都是大細門呢？

方形門

四四正正，為正常之門。

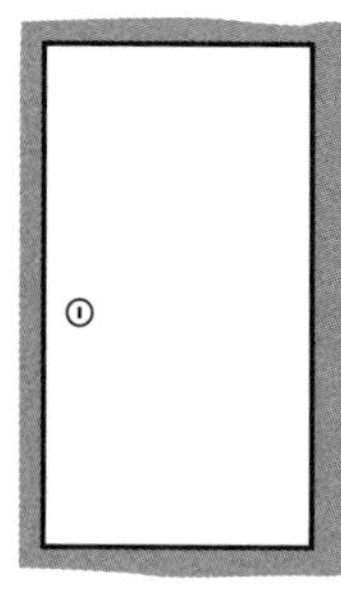

圓拱門

一般家庭很少會用圓拱形大門，因圓拱形之大門多數出現在城樓下。如欲使用圓拱門，室內面積最好相對較大。

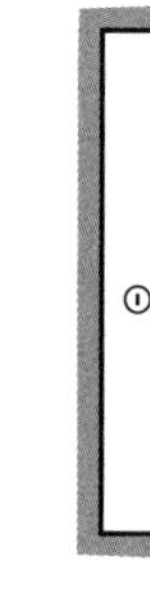

木門

一般的住宅大門多用木造，沒有甚麼特別。

鐵門

多為牢房或城堡之門，所以一般住宅不太適宜使用鐵門。放眼國外，雖然很多位處陰寒之地的房子都會使用大鐵門，但始終不太理想，惟鐵門上如掃了油漆，則問題不大。

鐵閘

現代家庭往往在大門以外再加一扇鐵閘，其主要作用為防盜。一般情況下，裝設鐵閘並沒有甚麼問題，問題只在於其設計及物料。

現代的鐵閘，一般會用反光不鏽鋼，而反光不鏽鋼其實有鏡的作用。如大門對面剛好對正人家的大門，形成鏡對門，就會令住在對面的人常常生病。倘若對方的門亦是反光不鏽鋼閘，就會形成兩者相鬥、必有一傷的情況。所以，以後選用鐵閘物料時，必須考慮對門之處是否住着另一家人，又或者選用磨砂不反光鋼閘或鐵閘亦可。

鐵閘有不同形狀，又其門環手柄之裝飾亦有不同，必須小心注意。

火形閘

尖形圖案、三角形圖案皆屬火。

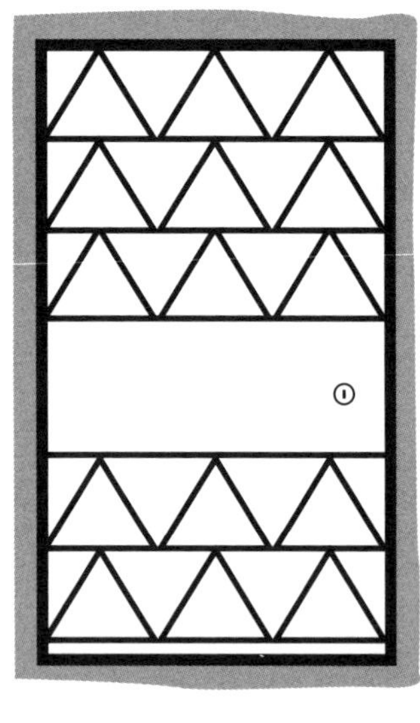

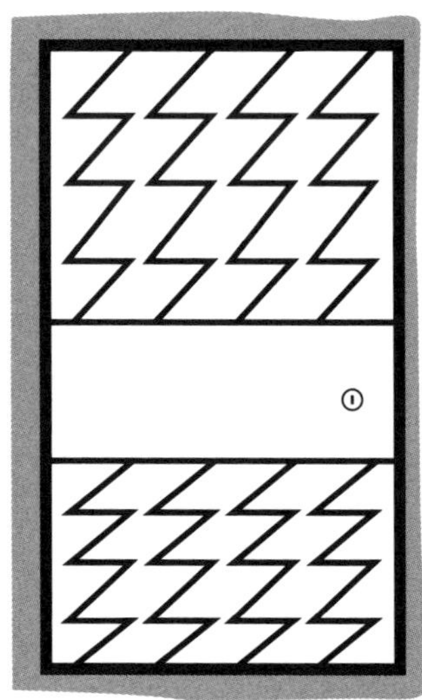

土形閘

正方形圖案、長方形圖案皆屬土。

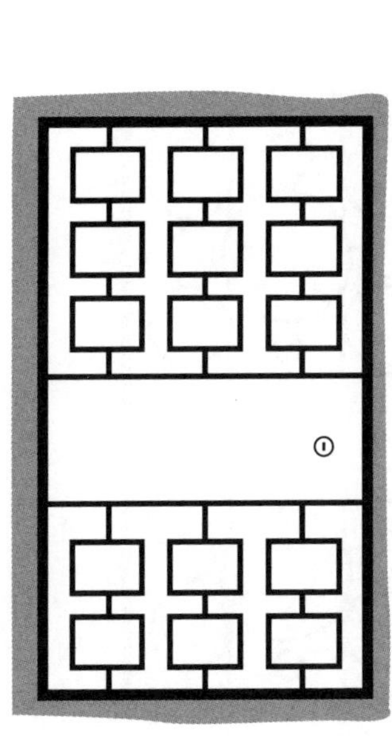

金形閘

圓形圖案屬金。

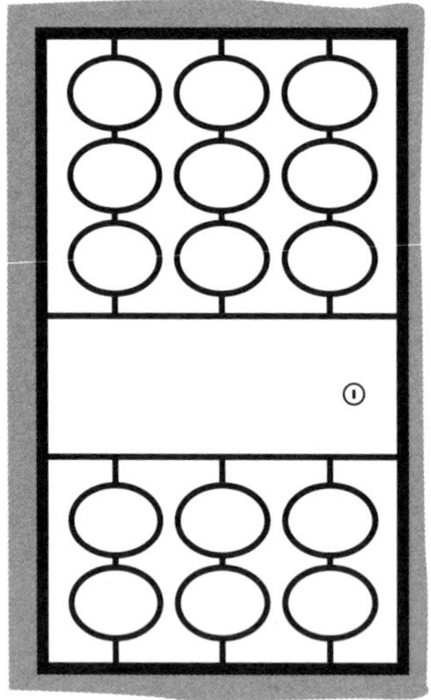

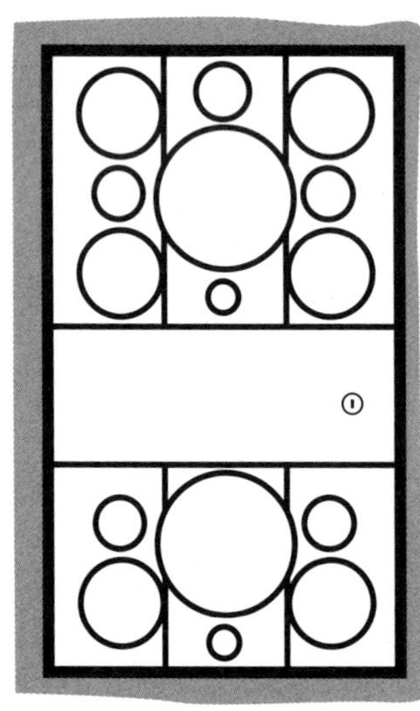

波浪形、不規則形屬水。

木形閘

長條形屬木。

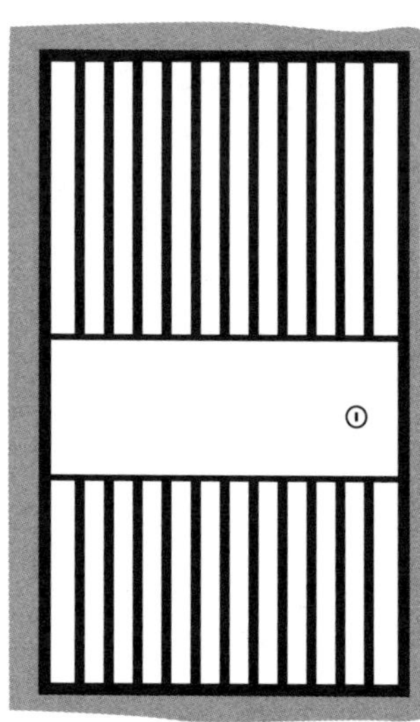

以上木、火、土、金、水五形，可以按照自己八字寒熱命及門外有否煞氣而選用。

寒命人

生於西曆八月八日（立秋）後至三月六日（驚蟄）前，宜木、火之間。

熱命人

生於西曆五月六日（立夏）後至八月八日（立秋）前，宜金、水之間。

平命人

生於西曆三月六日（驚蟄）後至五月六日（立夏）前，以金、水形之間較佳。

門向外開、門向內開、趟門

常被問及門到底是否一定要往內開。其實，除了大門一定要向內開外，其他如房門、廁所門等，則無論往內開抑或往外開都沒有問題，只要考慮其實用性便可，又辦公室亦然。

大門往外開，就好像把室內之氣往外推，像把錢推出門外一樣。在這種情況下，即使格局旺財，亦會減分。所以不論住屋、辦公室、工廠或任何店鋪，其主門皆要往內推才對。

趟門方面，曾經有客人提到，風水師叫他們不要在屋內用趟門，因趟門似一把刀，開關時會好像被刀斬一樣，容易引致家人身體損傷。我想，這個風水師的幻想力實在太豐富了。其實，在室內無論用趟門也好，正常開關的門也好，玻璃門也好，只要配合裝修格局即可，毋須考慮到風水上之問題。

門外煞氣

門外的煞氣，有分木、火、土、金、水五種。

木形煞

此煞由樹木、木燈柱形成。如大門外有大樹或木造的電燈柱、木造的路牌等，皆會形成木形煞。

火形煞

門前有鮮紅色物件、電線桿、消防喉、電箱、電話線箱皆為火形煞。

土形煞

門前對着牆角、亂石、石柱皆為土形煞。

金形煞

門前有金屬尖角、反光鏡、玻璃、金屬路牌柱、路牌皆為金形煞。

水形煞

門前近水、有污水渠、水光反映皆為水形煞。

知道宅外面對何種煞氣後，便可依據五行制煞、化煞之理，選擇適當之鐵閘。

木形煞可用金形閘去剋制或火形閘去化解。

火形煞可用水形閘去剋制或土形閘去化解。

土形煞可用木形閘去剋制或金形閘去化解。

金形煞可用火形閘去剋制或水形閘去化解。

水形煞可用土形閘去剋制或木形閘去化解。

入門的握手柄不宜有獅子、老虎等猛獸圖案，因為當這些猛獸圖案對着別人的大門時，就會對人家產生不良的影響。不過，只要不是對着人家的大門，則用這些圖案亦沒有問題。

除了要注意大門外有否對着消防喉、電線桿、電錶房、電話線箱外，尚要注意有否對着別人的門神，或正對長巷直沖、尖角、電梯門、八卦鏡等情況。如有的話，就要對症下藥，加以化解。

大門對電線箱、電話線箱、消防喉——

除了可用水形閘剋制及土形閘化解外，亦可在大門與鐵閘之間放一杯水化解。如大門無鐵閘，亦可把水移往屋內。

大門對長巷直沖、尖角、八卦鏡、門神等——

皆可於門之左右角吊植物化解，又將植物吊於屋內亦可。

大門對電梯門——

大門對電梯門不一定是凶象，只是會增加進門之氣而已。如閣下的住處位於當運之方位，就會加速其旺氣；反之，就會加速其衰氣。所以，首先要知道自己之居處是否當運，如不當運，便要化解。化解之法，就是在大門兩旁放植物去擋。

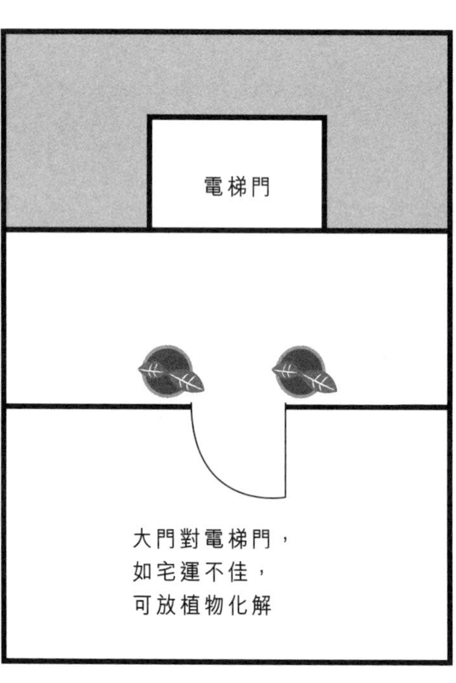

客廳風水

進門後便到客廳，而第一個觀察的要點，就是大門有否對着客廳的窗，或大門有否對走廊再對房門，然後再穿出窗。另外，還要看大門有否對廚房、廁所等。

（一）大門對窗或對房門再對窗

（影響最小，可不用化解）

氣從大門而入後，如果從窗穿出去，就會令氣不能聚於屋內，出現財來財去之象。化解方法，就是用屏風或高而多葉的植物放於大門及窗中間之任何位置。

但根據筆者多年實際勘察經驗，其影響不明顯，可以不用化解，但如果不放心的話，亦可以跟以上辦法去化解。

化解方法：

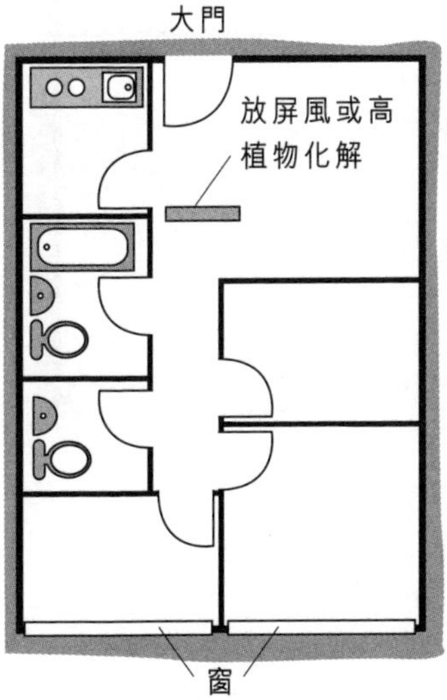

大門
放屏風或高植物化解
窗

化解方法：

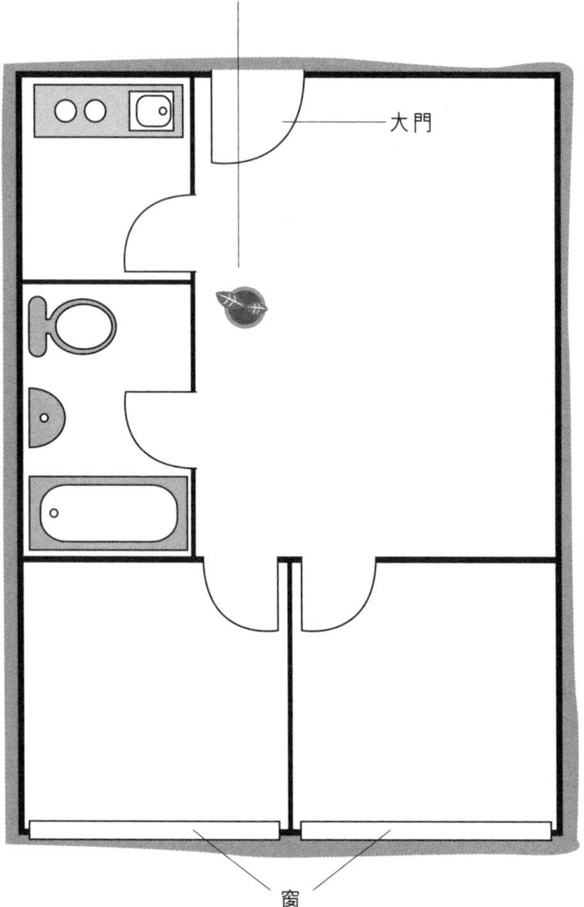

大門對客廳之窗，此種情況最為常見，化解方法如圖：

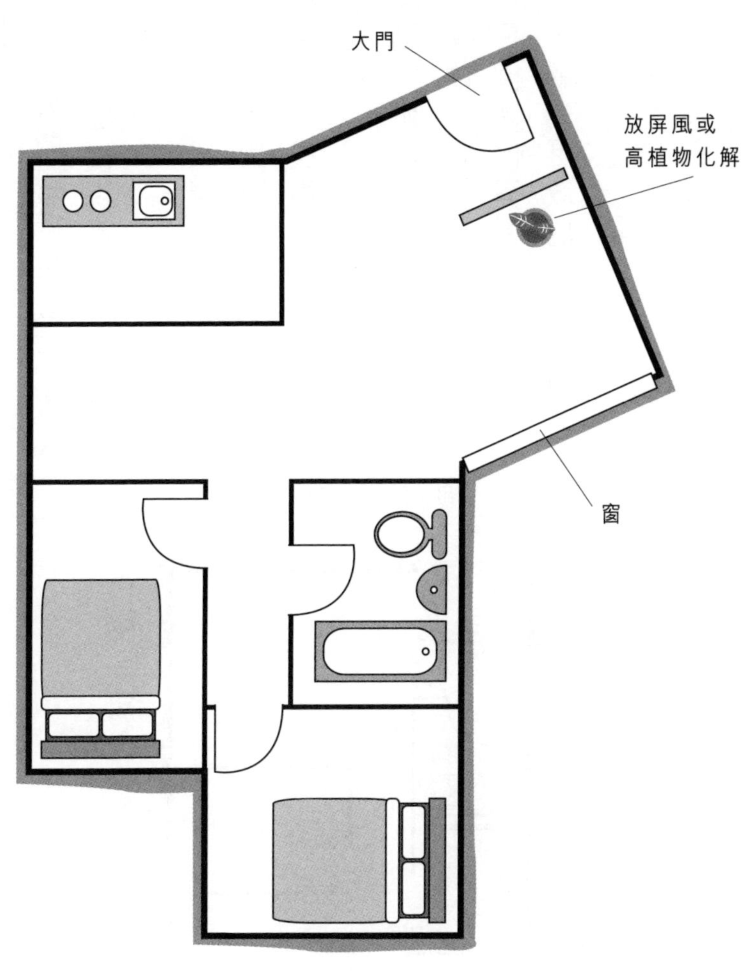

（二）大門對廚房

廚房屬火，大門對廚房最容易令屬火的身體部位出現毛病，而火就代表心、眼、皮膚、血液循環等。又廚房對大門亦會因應不同方位而產生不同之疾病。總而言之，大門對廚房會令宅中人疾病叢生，屢醫無效。化解之法，就是在大門與廚房之間放屏風。如地方不許可，亦可放高而多葉的植物，或在廚房門之左右上角吊植物化解。當然，最徹底之辦法，就是更改廚房門，使之不對大門。

化解方法：

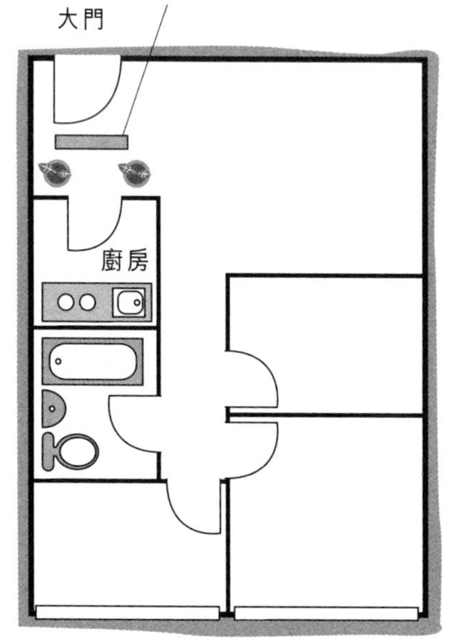

化解方法：

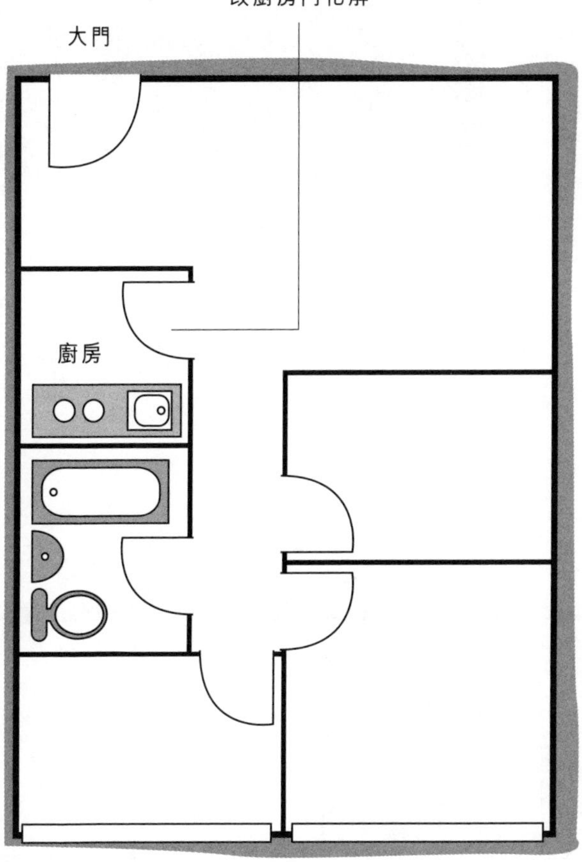

（三）大門對廁所

廁所屬水，水屬腎、膀胱、泌尿系統，凡是大門對廁所均會產生以上部位的問題。男性腎、膀胱、泌尿系統有問題，人會容易疲勞，記性差；至於女性，則會有婦女病、月經失調、經來腹痛等問題。嚴重者，甚至難於受孕。化解之法，與對廚房一樣。

（四）廚房對廁所

請參考「水火相沖」一段（詳見本書第一百六十六頁）。

化解方法：

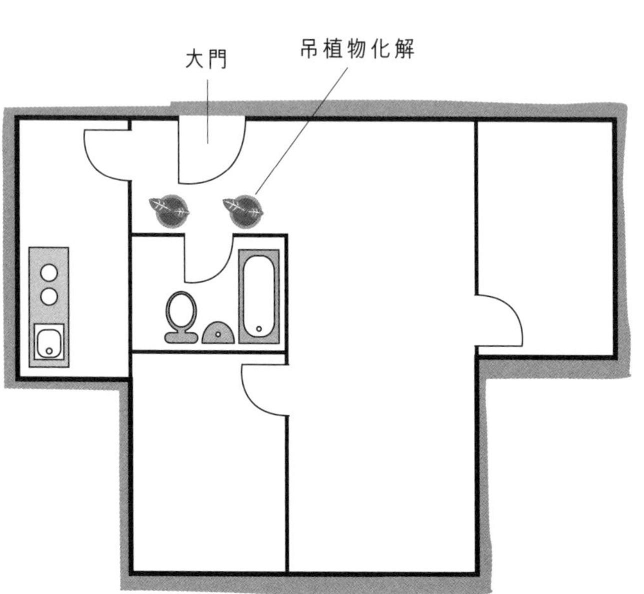

化解方法：

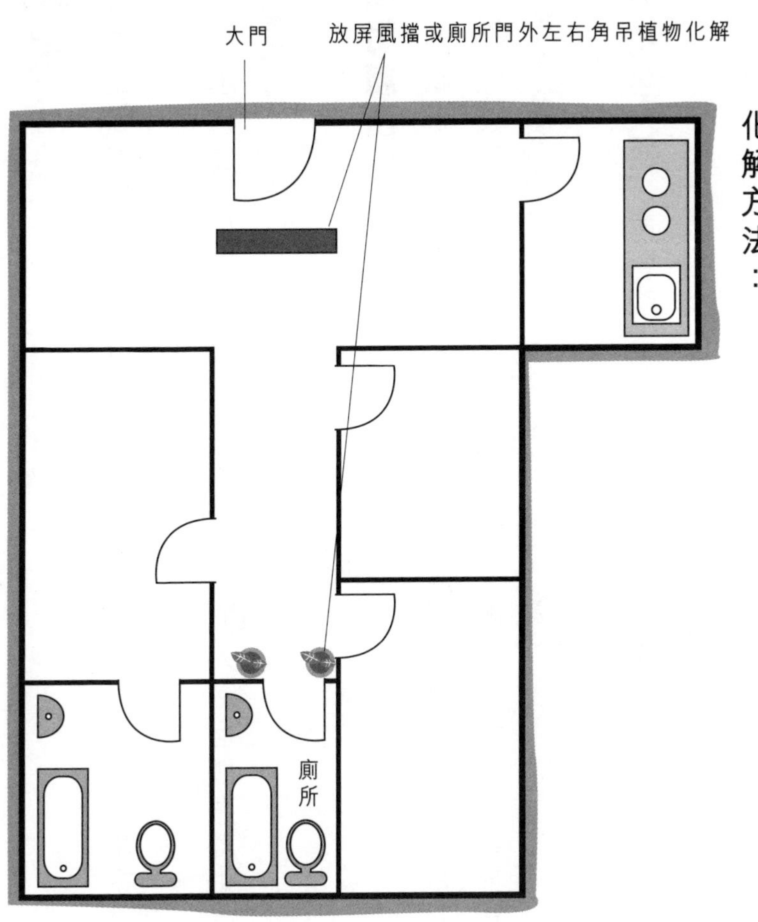

睡房風水

睡房最需要注意的是有否與廚房、廁所或大門相對，又廁所是否對牀等。

雖然睡房風水不佳，只會影響居住在這房間的人。但如遇有相關的情況，還是盡早化解為宜。

（一）睡房對廚房

這是睡房問題中最嚴重的。廚房屬火，睡房對廚房除了容易引起疾病外，還會令睡在這房間的家庭成員脾氣暴躁，無忍耐力，每因小事而與人爭執，僵持不下，嚴重破壞人際關係。

已婚者如住在裏頭，更會嚴重影響感情，甚至離婚收場。

化解方法：

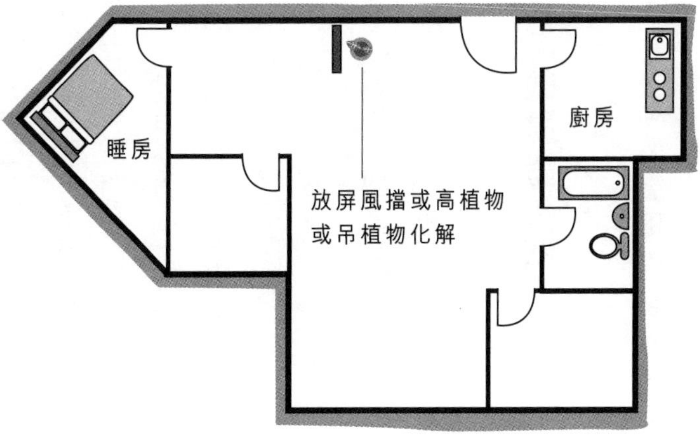

現代有一種新型屋苑每每有這種問題出現。事實上，經筆者解決此風水問題的住宅着實不少。

化解方法，就是在廚房對房門中間放屏風或高多葉植物。如情況不許可，亦可在廚房及房門之左右上角吊植物化解。

化解方法：

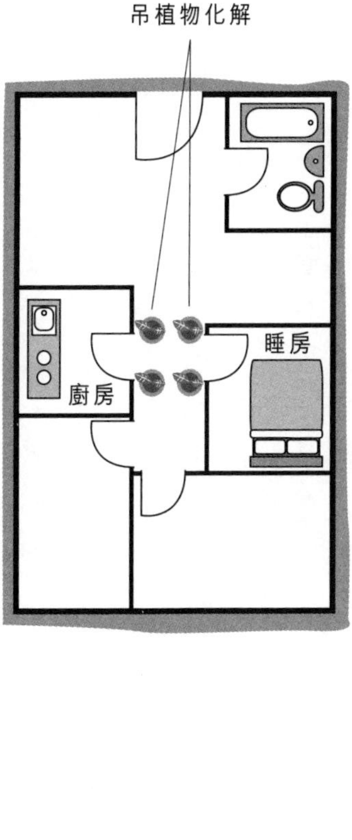

（二）睡房對廁所

睡房對廁所在風水學上問題不大，對單身人士或小孩甚至有良好的影響。事實上，睡房對廁所容易招惹桃花，所以對未婚者有正面的作用。而孩子人緣佳，上學時就會因受到其他小朋友歡迎而增加了其上學的樂趣。至於已婚人士，倘若雙方皆從事要經常對外接觸群眾的工作，亦能增加人緣運。因此，如廁所對着的是工作間，那不但沒有問題，甚至會有正面的影響。

唯一例外的是，如果夫妻兩人皆從事對內工作，則惹上桃花只會增添煩惱，所以必須化解。而化解方法，就是在房門左右角吊植物去擋。

（三）睡房對大門

經過筆者多年研究引證，睡房對大門其實沒有甚麼不良的影響。即使大門對着長走廊然後再對着你的房門，亦無問題，即使再對着窗，也不用化解。

（四）睡牀對廁所

睡牀對廁所為風水學之大忌，除了會對腎、膀胱構成不良影響外，亦容易招惹桃花。未婚者情況尚可，已婚者則不論是腎、膀胱出現問題，抑或招惹桃花而成桃花劫，影響姻緣，皆為極不良之後果，所以一定要設法解決。

從此圖可見，廁所門在睡房中間。所以不論如何擺放睡牀，皆會對着廁所。如無法將廁所門移離此位，唯有在牀尾加屏風去擋。如情況不許可，退而求其次，只好在廁所之左右角吊植物及常關廁所門化解。

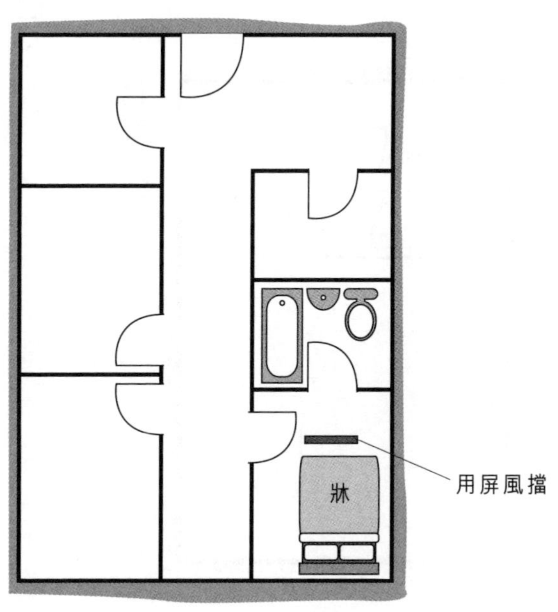

化解方法：

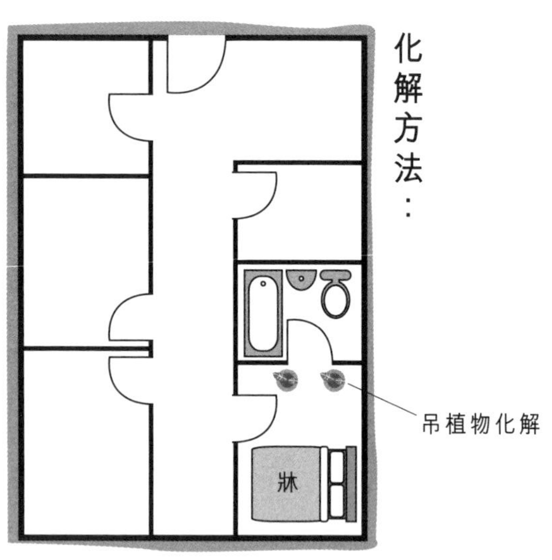

（五）房門對廁所

其影響及化解方法與大門對廁所相同。

化解方法：

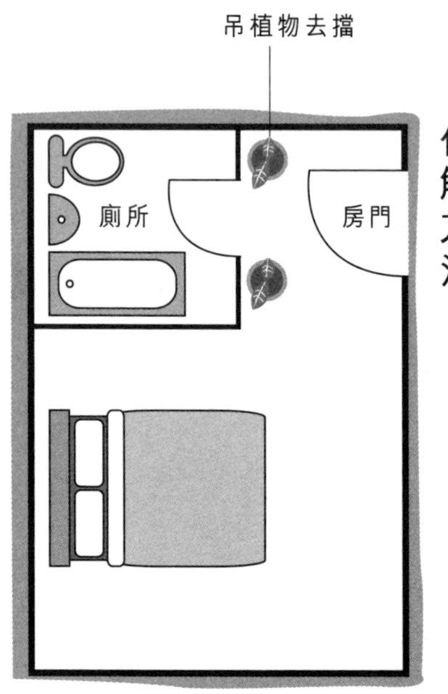

睡牀風水

假如你常常發噩夢，周身病痛，精神不振，不能入睡，可能是因為你犯了風水學上之放牀大忌。如果想睡得香甜，就要留意以下的放牀宜忌。

忌一——房門沖牀

房門沖牀其實問題不大，除非你特別敏感，才會睡不安寧。化解方法非常容易，就是在房門及睡牀中間放一個櫃——無論五桶櫃也好，牀頭櫃也好，都可以把房門沖牀頭之氣化解。

化解方法：

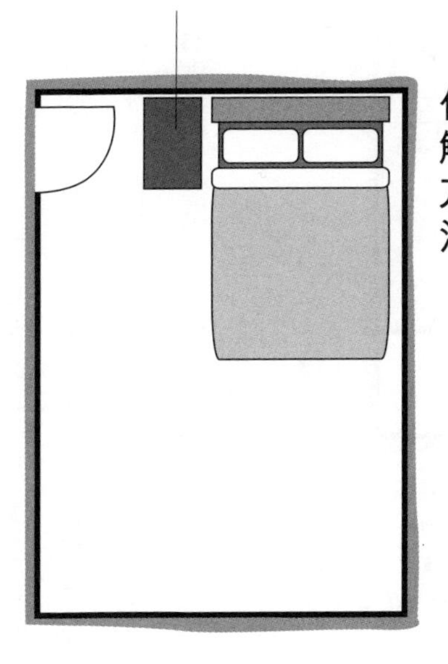

忌二——睡牀放房門旁邊

這種佈置方法會引致房中人情緒不定，睡不安寧，嚴重者甚至會出現精神問題，情緒起伏不定，易發脾氣。化解之法，別無他途，就是把睡牀移往適合之位置。但因現代房屋之房間實在細小，如無法擺至別處，亦可放屏風，或做一個牀頭櫃，使牀靠在櫃上而不直接對着開門之處，此不失為化解方法。

睡牀放在房門旁邊會引致情緒不定，可放屏風化解

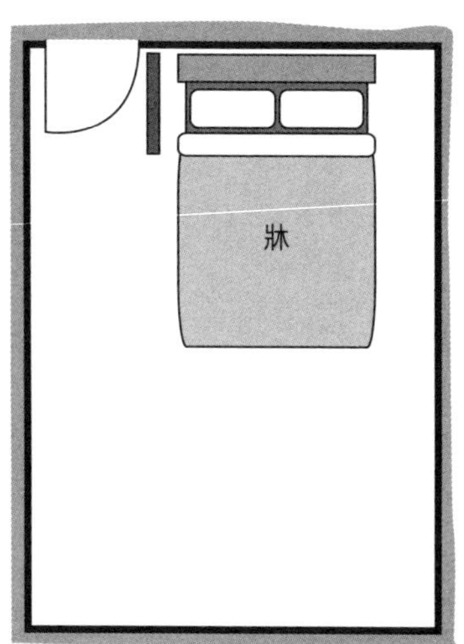

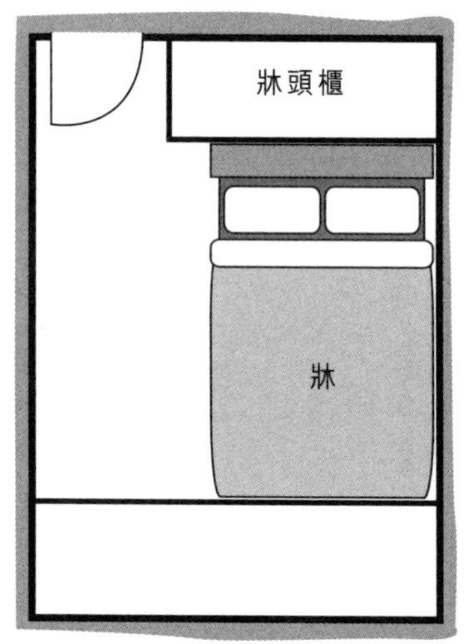

現代住屋之房間實在太小，但孩子的房內除了要放衣櫃，又要放書枱，所以牀頭只能放在開門之處，否則無地方放置書櫃。可用附圖辦法，使睡牀靠在櫃上，亦可化解。

忌三——牀頭露空

牀頭露空為無靠山，會睡不安寧，以致常睡不醒或不能入睡。即使能入睡，亦會經常發噩夢。化解方法是自製人造靠山，把櫃放在牀頭，或放咕啞，或將牀頭板加厚，或加一幅窗簾亦可。

但牀頭在窗戶之下不算無靠山，只要牀頭不高於窗戶即可。

又牀頭靠落地玻璃亦不算無靠山，只要睡覺時不常開窗便可，否則放櫃或用厚及較高之牀頭板亦可。

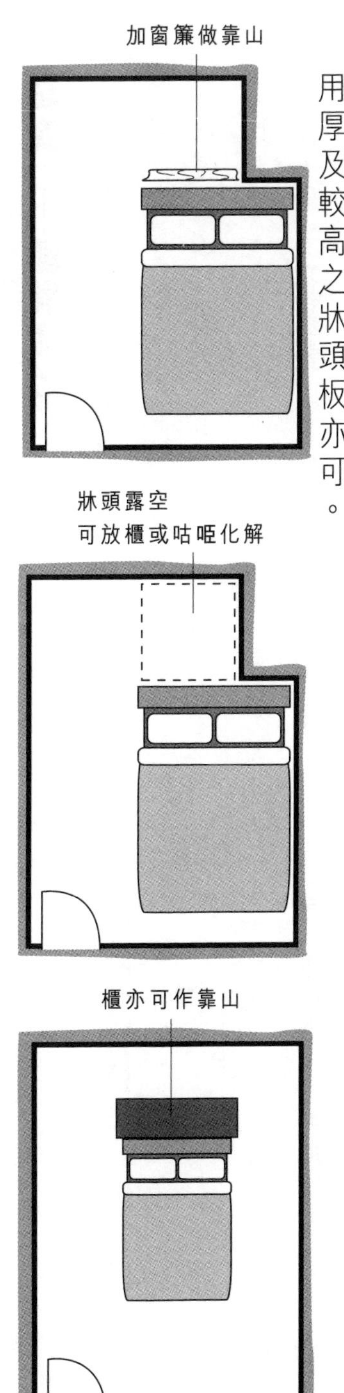

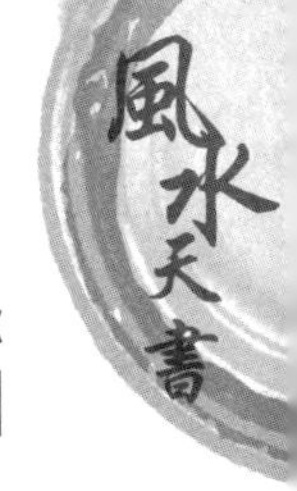

忌四——睡牀靠灶

睡牀靠廚房，在風水學說上已是不太理想的結構。如睡牀再靠近廚房之爐灶，性質就更凶。廚房屬火，火在身體部位上代表心、眼、皮膚、血液循環。睡牀靠灶，除了容易對以上的身體部位帶來負面影響外，亦容易引致火氣上升，使人脾氣暴躁，精神緊張，無忍耐力。

化解方法，就是將睡牀移開數吋，盡量使其不貼近廚房的牆。但睡牀如是「梗位」，無法移動，亦可在睡牀貼近廚房之處放一杯水，並在水內放一粒黑石化解。如不方便，放在煮食爐前亦可。

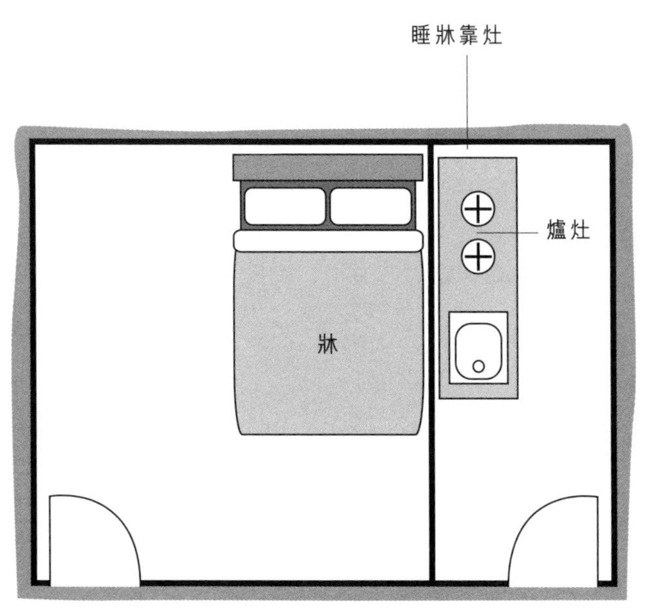

化解方法：

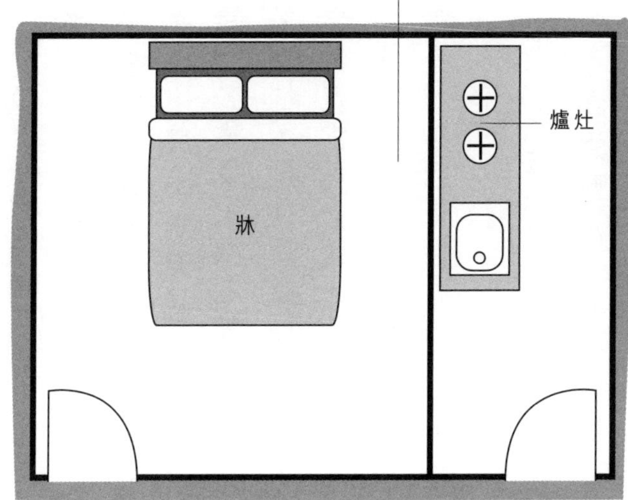

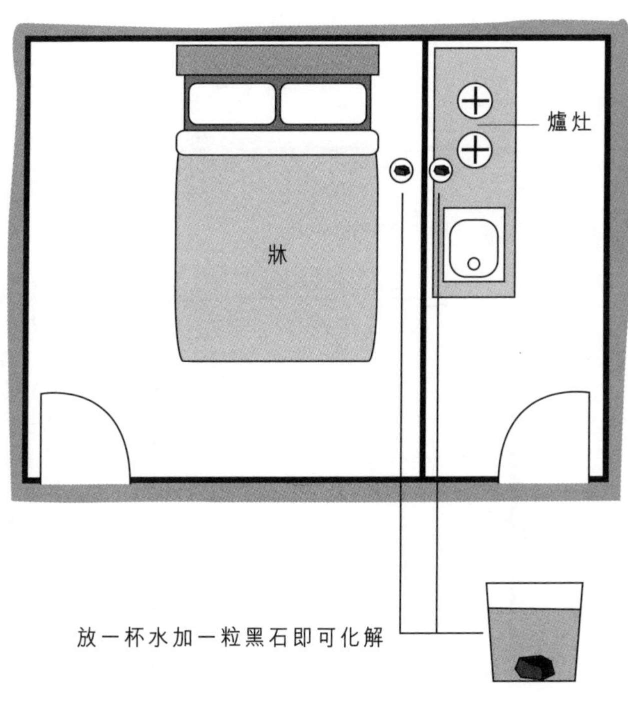

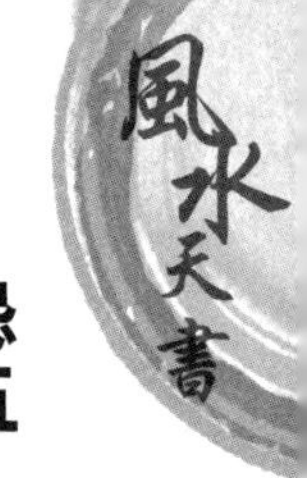

忌五——睡牀靠廁

睡牀靠廁所已經不好，如再靠近座廁難免更差，但其影響沒有睡牀靠灶那麼嚴重。睡牀靠座廁容易影響腎、膀胱、泌尿系統等部位。男性腎部出現問題，會令記憶力衰退、體力不佳；至於女性，則經來腹痛、月經不調。以上之情況當然會因人而異——如本身體格強健者，不會那麼容易受風水影響；但體質如本已不佳者，難免疾病叢生。

化解之法，就是把睡牀移開數吋，使其不靠近廁所，或在廁所與睡牀之間放八粒白色石頭化解。

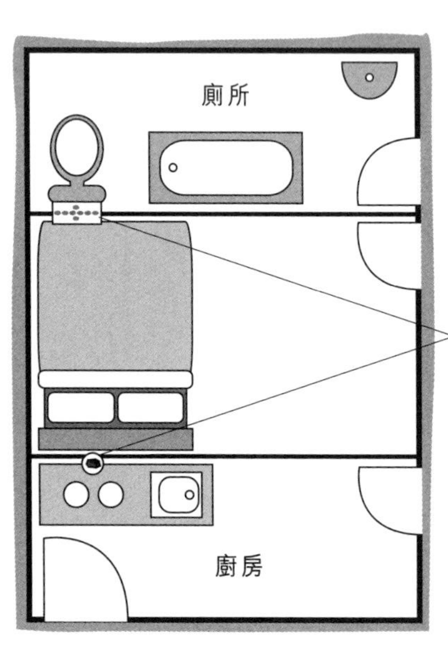

牀頭牀尾皆靠廚房及廁所為最凶之情況，難於化解，可於牀與廁所之間放八粒白色石頭和牀與廚房之間放一杯水及黑石化解。

睡牀靠座廁

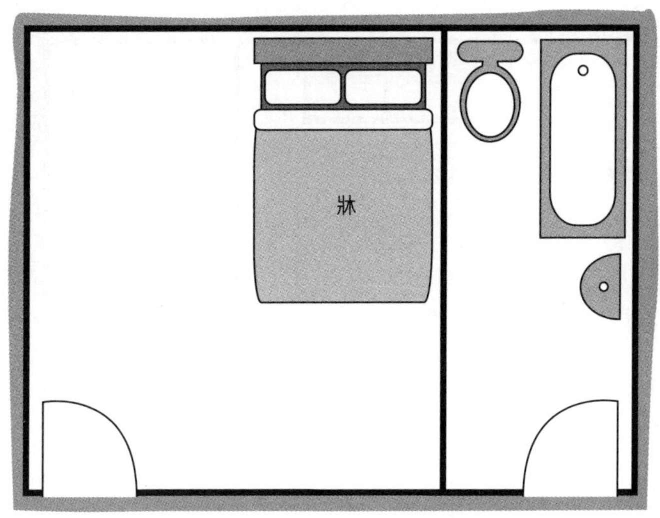

牀頭靠座廁

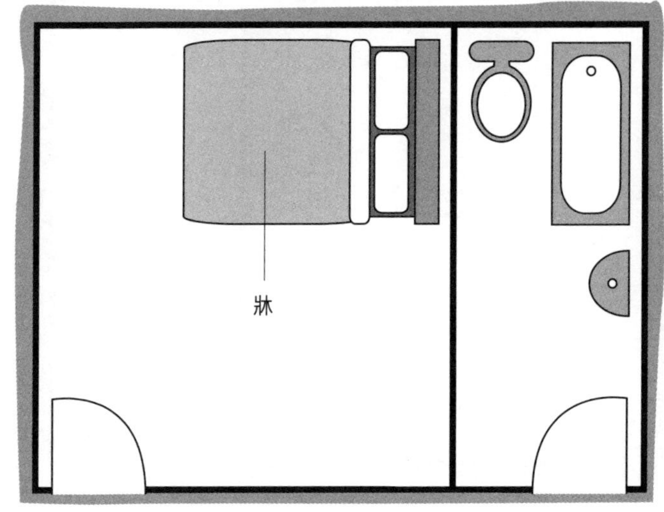

化解方法：

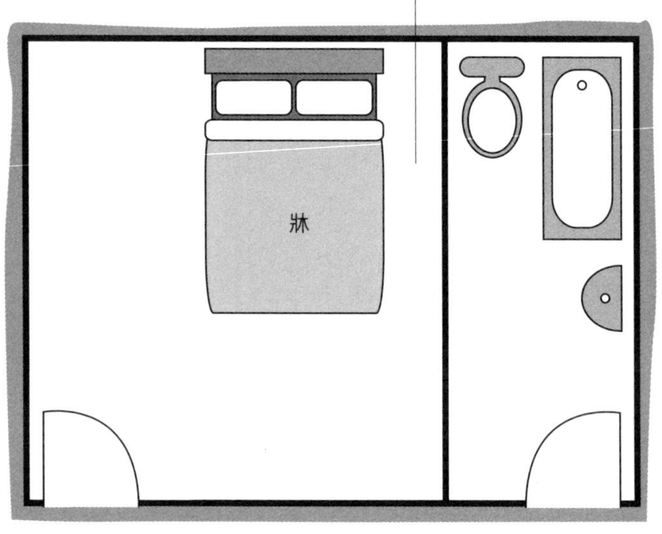

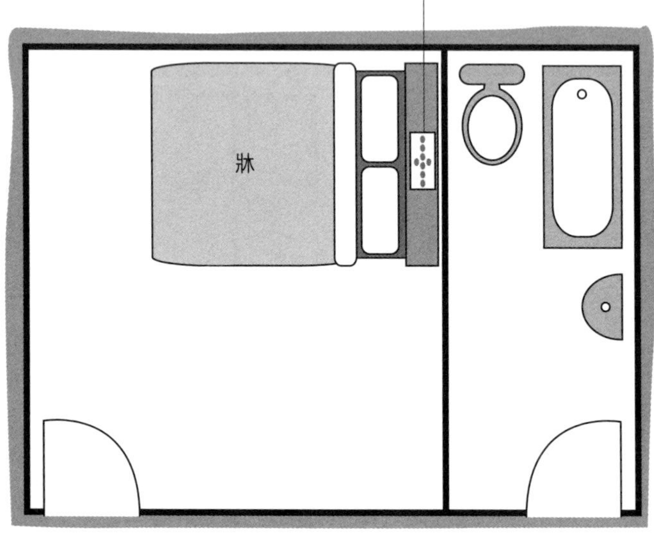

忌六──睡牀對廁所

廁所屬水，水屬腎、膀胱、泌尿系統、內分泌等。睡牀對廁所，除了容易出現以上部位的疾病外，亦容易招惹桃花。單身人士有桃花，影響不大；但對已婚人士而言，不論惹桃花抑或泌尿系統有問題亦不佳。

化解方法，就是把牀移開，或在廁所與睡牀之間放高的植物或不透明屏風、布簾化解。如兩種辦法都不行，就唯有常關廁所門及在廁門左右上角吊植物化解。

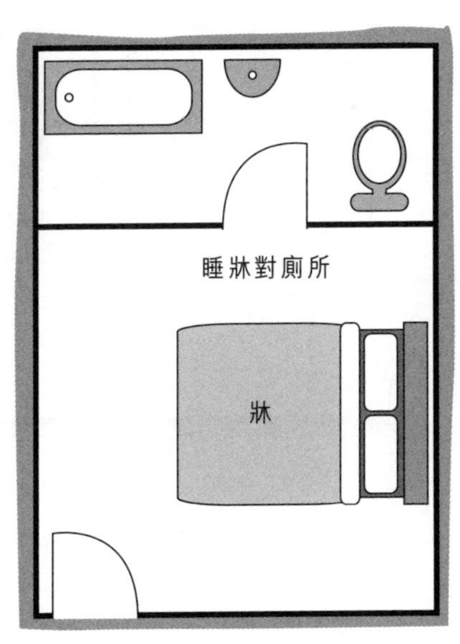

風水天書

化解方法：

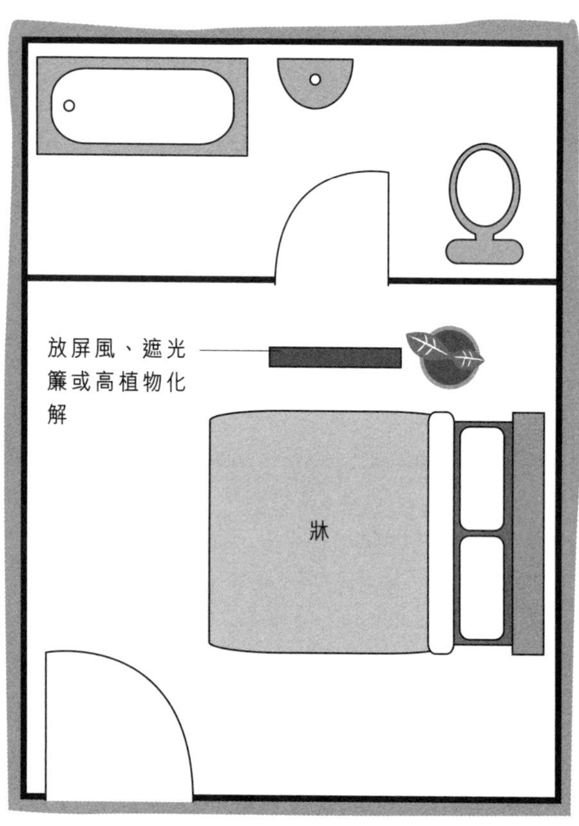
放屏風、遮光簾或高植物化解
牀

化解方法：

把睡牀移開，或改動廁門，
避免對廁所

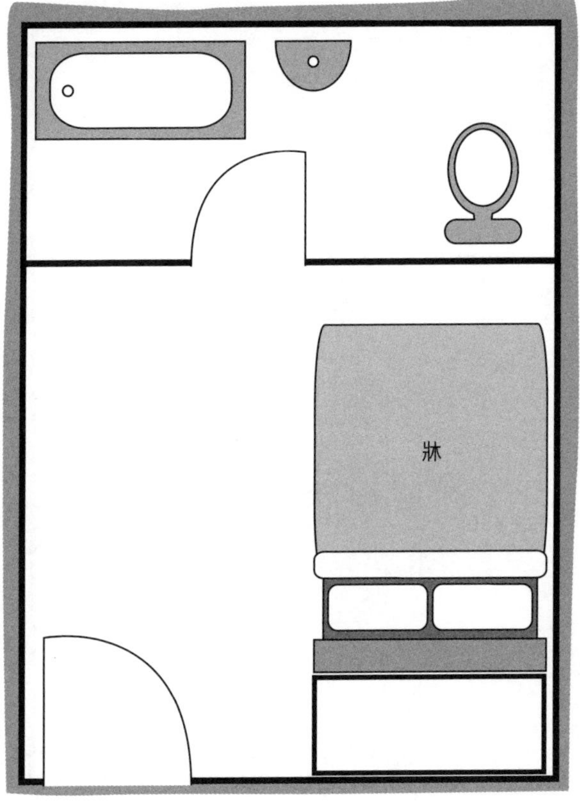

化解方法：

常關廁所門及吊兩棵植物化解

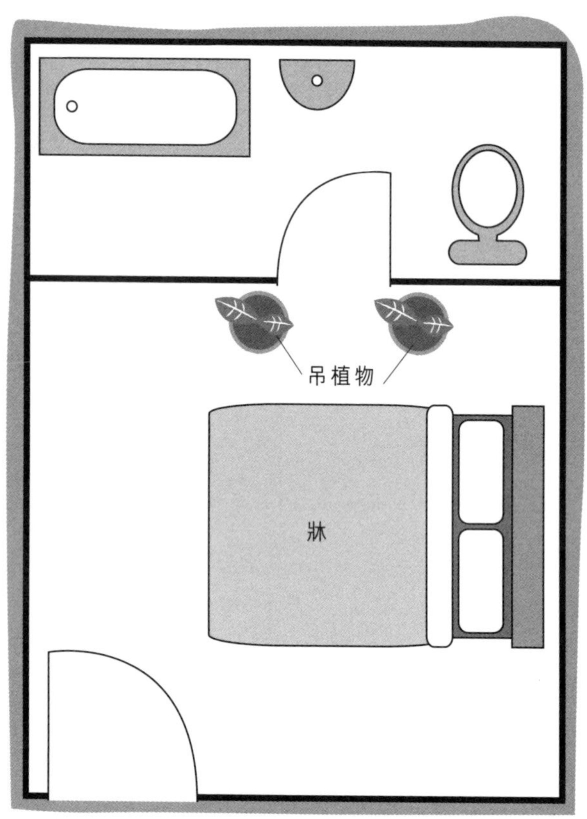

放牀最佳方位

最佳的放牀方位是放在門的對面，如附四圖：

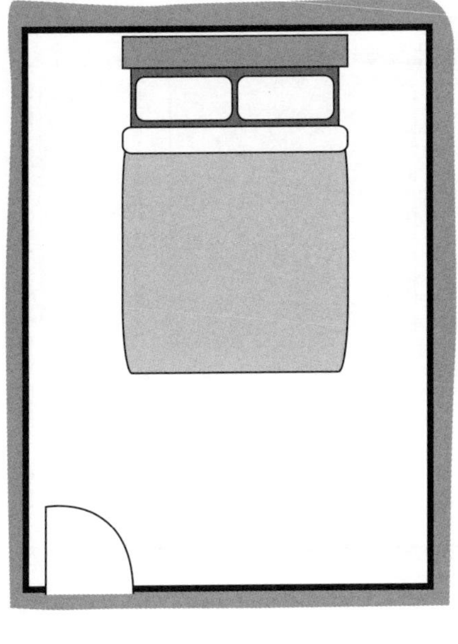

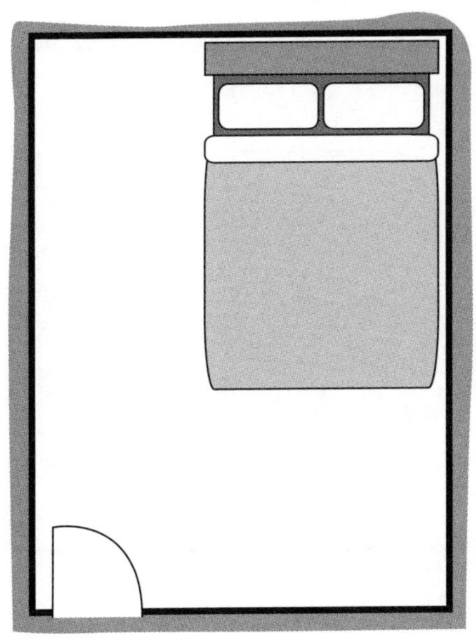

風水天書

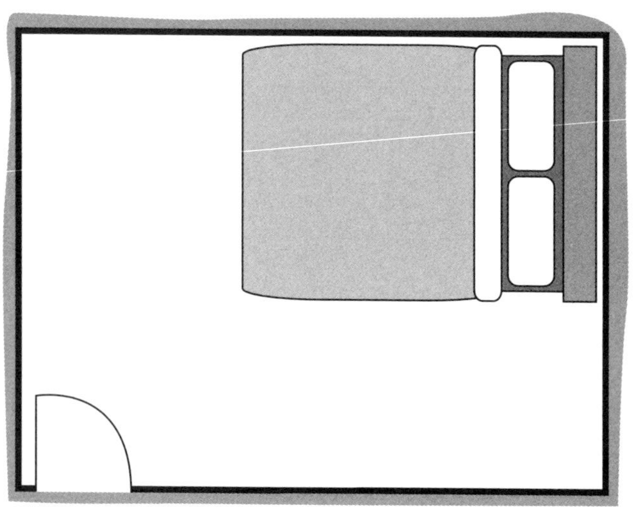

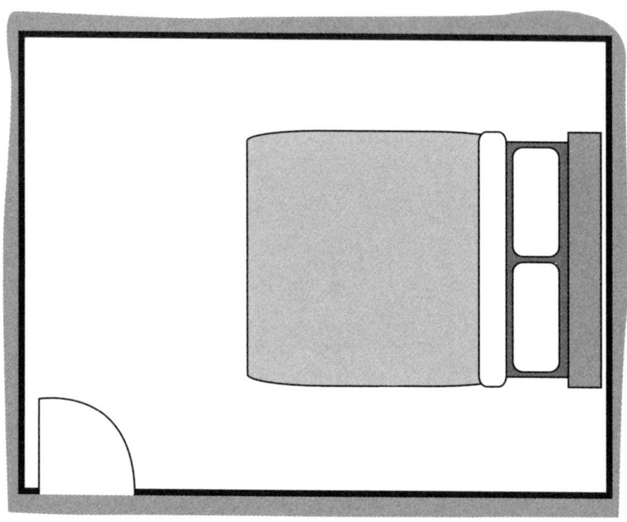

日常看風水常常會遇到一些怪問題，例如牀邊、牀尾是否要靠牆、牀頭是否不可以靠窗戶、牀頭是否不宜靠窗台等，現在在此解答以上問題。

謬誤一——牀邊要靠牆，牀頭要靠實物

牆為實物，但牀邊要靠牆並無必要。古代放牀時，無疑會將一邊牀靠牆，因古代的設計是房內有房，再在房內的房放牀。又普通人家房間細小，所以睡牀必須靠一邊牆。

不過，現代建築不會在房間之內還有小房間，所以牀不一定要靠邊而放。況且，將牀靠邊而放在很多情況下都不實用，甚至可笑。如房間只有一百幾十呎，牀靠邊而放並無不可；但如房間大至幾百呎，甚至過千呎，牀靠邊而放，看上去難免會有點滑稽可笑。

謬誤二——牀尾要靠牆

牀頭靠牆每有聽聞，但牀尾靠牆實在從未聽過。所以那一次被客人問及時，不免覺得此論甚為好笑。如牀頭要靠牆，牀尾亦要靠牆，則房間寬度不能超過七呎。但如牀尾要靠牆而牀頭不需要，則更無道理，所以實毋須理會以上說法。

大房間牀靠邊甚奇怪

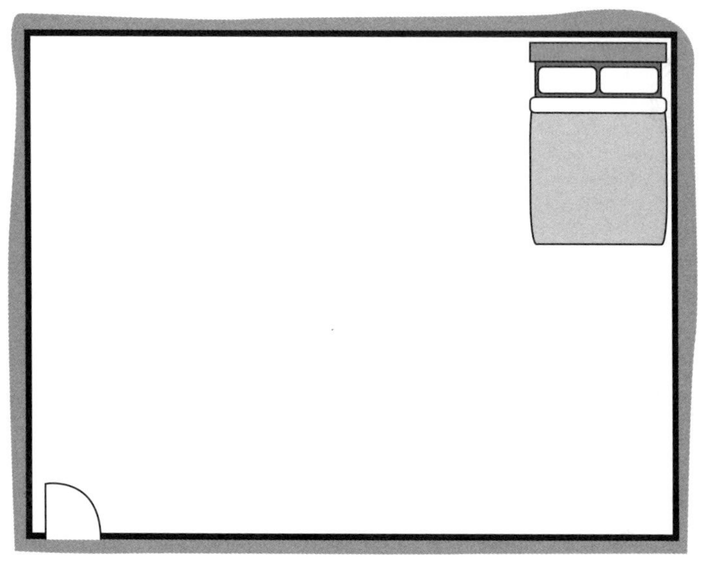

小房間牀靠邊無問題

鐵牀、木牀、窗台做牀

有些風水師說：命要金水者，宜睡金屬造的牀，因命要金水，大多以木火為忌，故睡在木造的牀會助旺木火，故以為忌；命要木火者，宜睡木造的牀，因木火之命多以金水為忌，故睡在金屬製的牀會加旺金水之氣，故以為忌。

以上說法好像言之成理，但其實在風水佈置上，即使你命要木火，亦不一定要各樣物件都配合起來。事實上，只要配合整個房子的顏色，令其他物件都被這個色調包圍着就可以。

命喜木火

只要牀頭朝東、東南、西南、南，房子牆身及窗簾顏色用青、綠、紅、橙、紫系列的顏色即可。其他如櫃、梳化、睡牀、大門、房門、廁所、廚房之顏色和物料，其實都不用配合，選用自己喜歡的便可。

命喜金水

只要牀頭向西、西北、北、東北，房子牆身及窗簾配上白、金、銀、黑、灰、藍即可。其他如櫃、梳化、睡牀、大門、房門、廁所、廚房的顏色和物料都不用配合，選用自己喜歡的便可以。

至於以窗台造牀，主要是因為現代的居住環境較為擠迫，房間大多只有幾十呎，有時還會連一個大窗台，令空間更狹小。所以，現在很多年青人都喜歡把窗台造成牀的一部分，而後再在另一邊加一個大儲物櫃去增加其實用性。然而，這樣會令牀有一半給橫樑壓着，使睡在下面的人視覺出現不適。從風水學的角度來看，此亦犯了橫樑壓頂之忌。尤幸其解決辦法並非太難——我們可以在橫樑上放一吊櫃或薄紗布，把樑遮蓋着。一來視覺美觀，二來可化解橫樑壓頂之煞（詳見下頁之圖解）。

又睡在窗台上往往牀頭及牀邊皆為玻璃，以致往下望時往往沒有安全感。

所以，宜將牀邊之玻璃部分遮蓋，使其望不見街即可以化解。

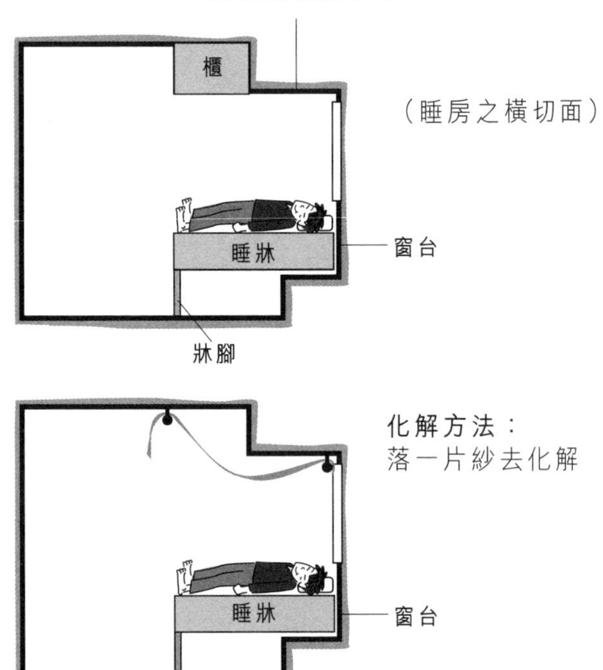

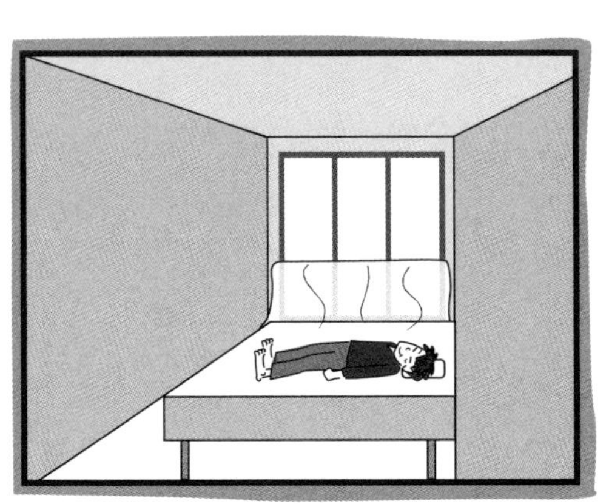

睡在窗台上難免缺乏安全感，宜把窗之下部遮蓋。

睡在地上，睡在牀上

「睡在地上好，抑或睡在牀上好？」這是客人看風水時經常問及的問題。上一代的人常說，睡在地上打地氣，容易有風濕病，這說法以前的確是對的，因為以前的人大多用草或竹蓆席地而睡，且以前大多是平房式的低矮建築物，地面難免濕氣較重，故有不能睡在地上的說法。

但因現代建築物皆向高空發展，所以貼近地面而睡的機會相對減少。加上現代人大多睡在牀褥上，相隔地面有數寸之高，故不再存有不能睡在地上的問題。又有些人喜歡在睡房建一個木地台，然後把牀褥放在木台之上。由於木台能阻隔濕氣，所以即使家在地下之樓層亦無問題。

書枱擺放方法

家中的書枱其實沒有一定的擺法，不論背門也好，對門也好；背窗也好，對窗也好，只要覺得舒服便可。如許可的話，生於西曆八月八日後、三月六日前的人適宜面向東、南、東南或西南；而生於三月六日後、八月八日前者，則書枱宜面向西、北、西北或東北。

又書房位置要看各人需要而有所不同——

如書房是用來工作且與金錢有關的，就宜設在財位；如與聯絡客戶有關的，就宜設在桃花位；又如我的書房是用來寫作，又或是從事設計行業者，皆宜以桃花位作為書房；至於書房用來學習者，則宜設在文昌位。但如只用來上網打機，則任何位置皆可，即使在五鬼（凶位）亦無問題。

放置書桌時，以下四種擺法皆可：

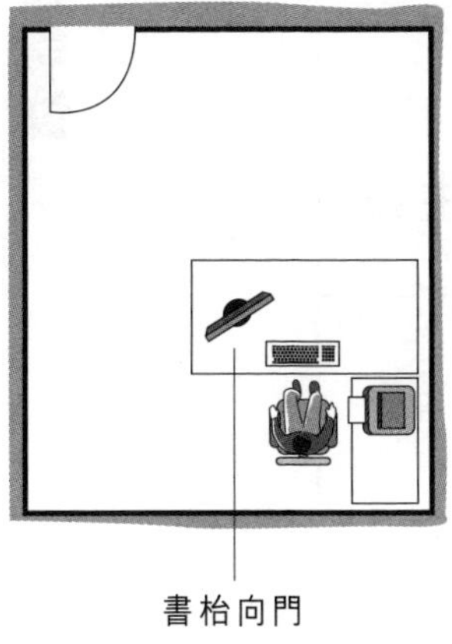
書枱向門

書枱背門

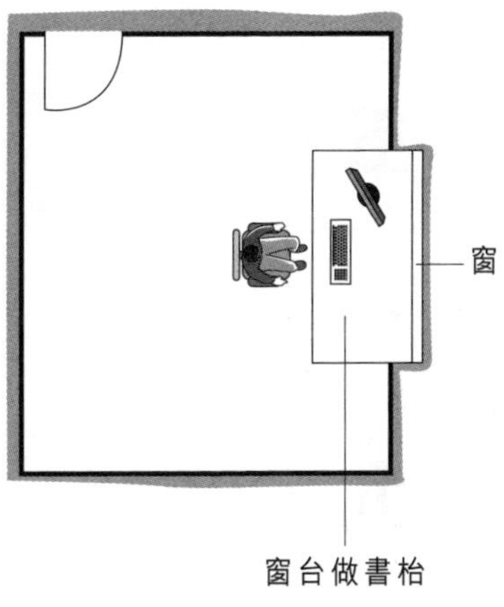

窗台做書枱

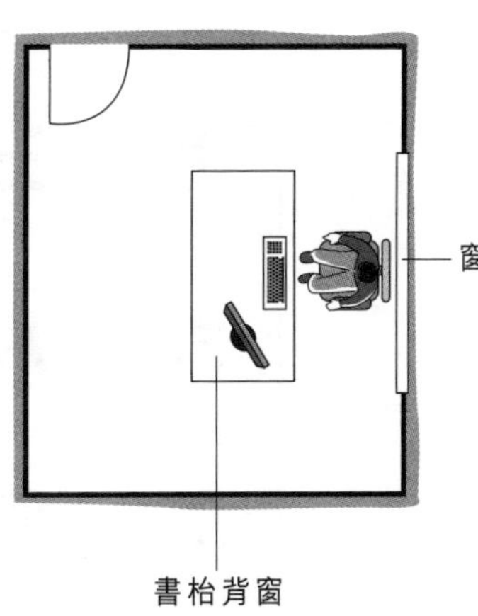

書枱背窗

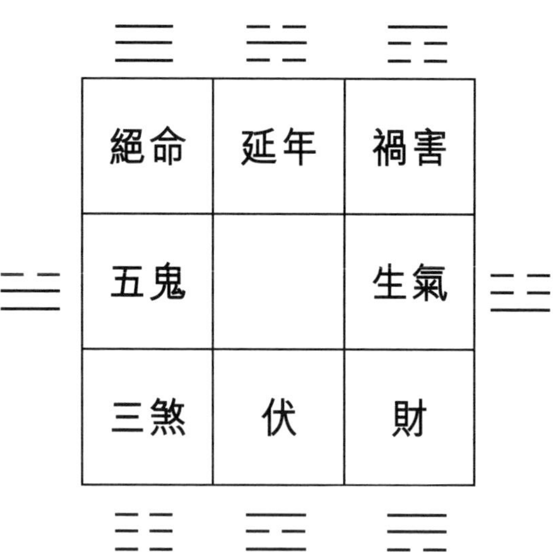

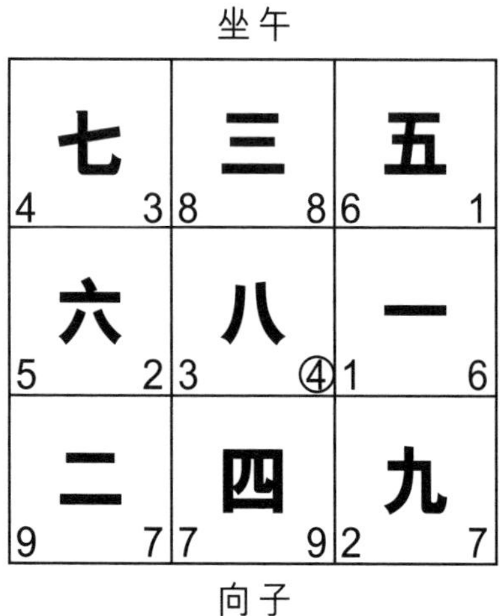

八運坐午向子，文昌位在住屋之中宮

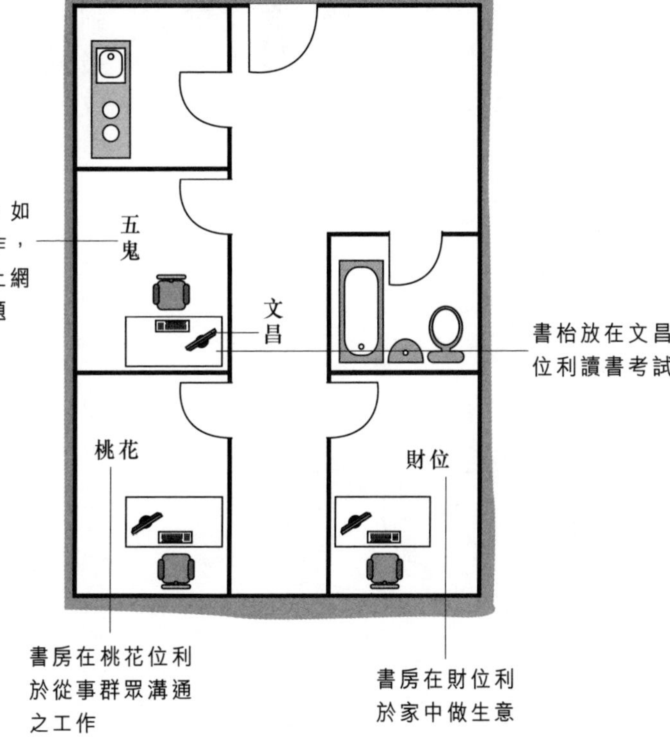
書房在五鬼，如不是用來工作，而只是用來上網打機並無問題
五鬼
文昌
書枱放在文昌位利讀書考試
桃花
財位
書房在桃花位利於從事群眾溝通之工作
書房在財位利於家中做生意

漏財屋

如果閣下的房屋漏財，真是賺多少錢都難有剩餘。從風水的角度來看，住在漏財屋者，不是給人借錢不還，就是朋友家人有事要用錢。結果，無論你如何努力去省錢，到最後還是無法剩錢，而自己亦不知道錢財到底在何處消散。

八種漏財屋

（一）大門對後門（影響不大）

經過數十年驗證之後，筆者近二十年已不化解大門對窗，除了平房大門對後門才需要化解。大門對後門，有漏財之象。正所謂「前門進財，後門出財」，如地下舖位的前門正對後門，則其漏財情況與大門對後門一樣。如閣下居所、店舖旺財

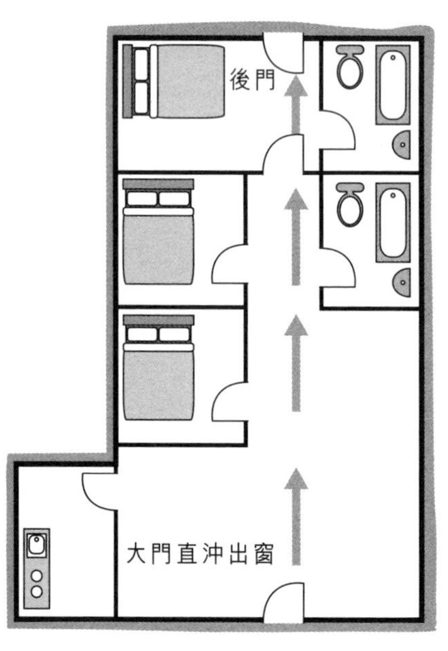

旺丁還好，最多左手來、右手去；但如閣下的住屋已損財傷丁，情況就會更壞。

補救辦法，就是在大門對後門之間放屏風（要高過門及闊過門），或放一棵高而多葉的植物即可。

（二）大門外對斜路或下行樓梯

大門對斜路或下行樓梯皆有破財之象。但屋內的樓梯或斜路對着屋內的大門，則不會漏財。事實上，錦繡花園的房屋很多都是樓梯對大門的，由於常常被問及會否漏財，所以在這裏再說一次，這樣不會漏財。

補救方法，就是在門後三至四呎的位置擺放屏風或高多葉植物去擋，以免財氣漏出屋外。另外，如坊間所說，在門前放植物，亦可擋漏財。

門前有下行樓梯

化解方法：

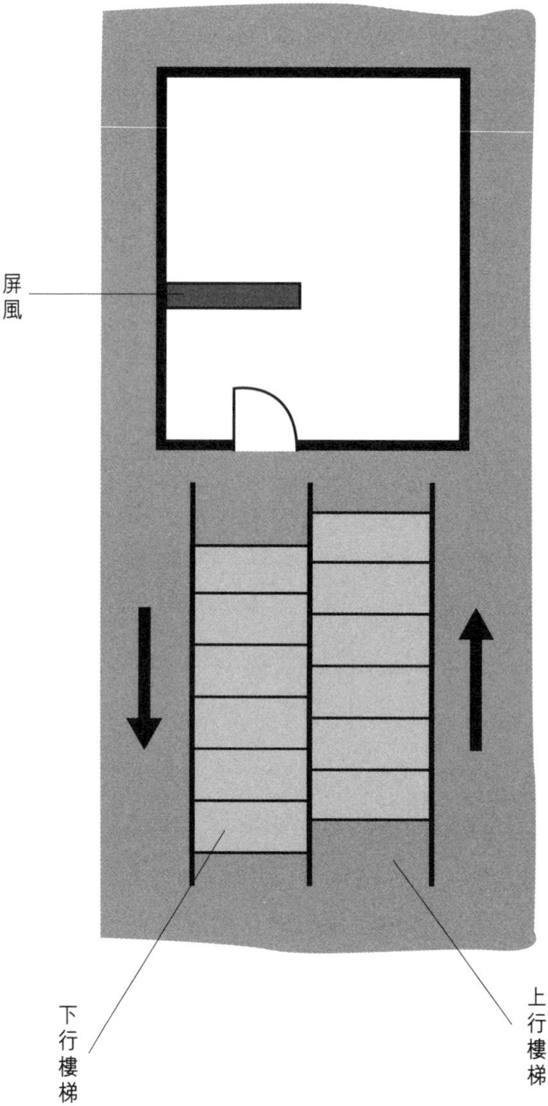

化解方法：

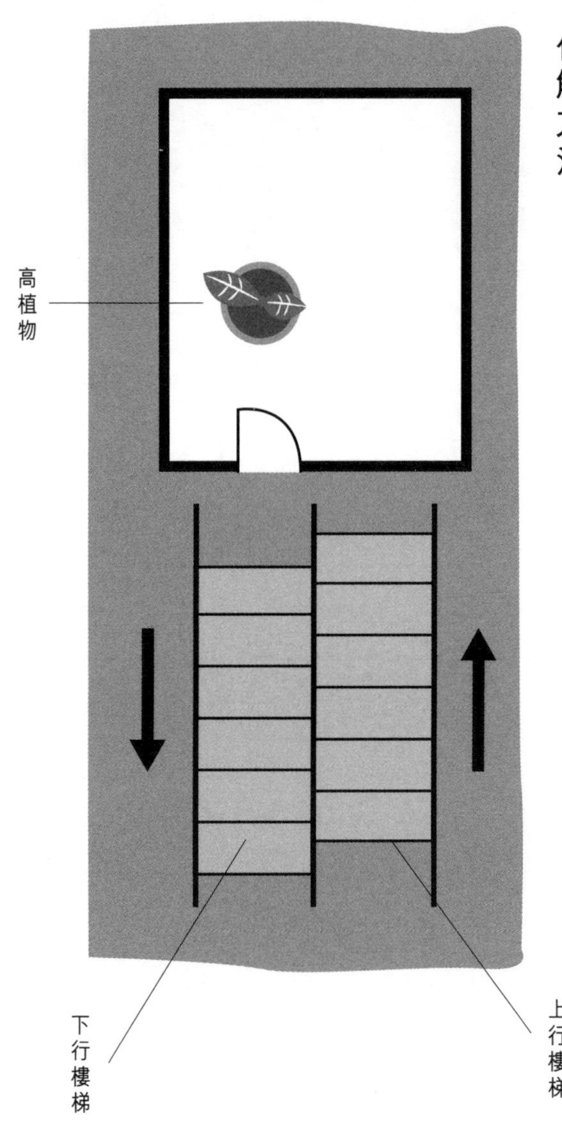

（三）屋臨無情水

曲水有情，直水無情，如窗外有快速行走之直天橋、馬路或流水，都叫「無情水」，會把屋內之旺氣帶走，造成漏財之象（但高層不靠近馬路的單位則毋須理會）。

補救方法，就是在馬路、河流、天橋沖走之處放高植物以截住財氣。

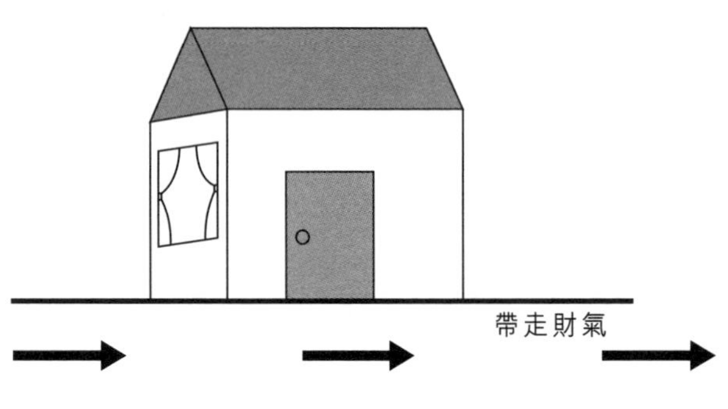

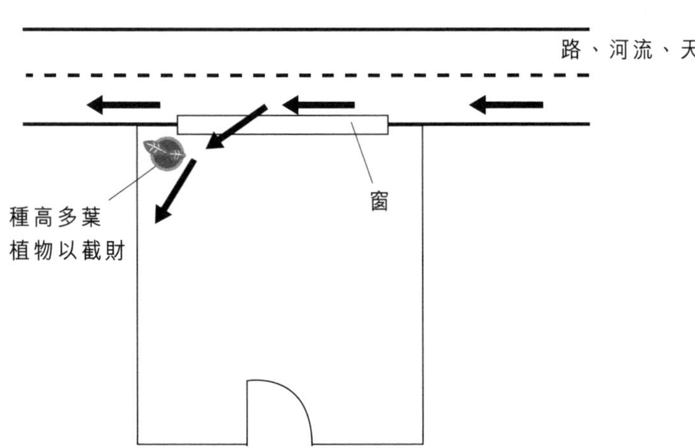

（四）屋細門大

屋細門大的情況多數出現在村屋或丁屋之地下單位。舊式村屋的面積雖然不大，但大門多數會用雙掩式的大木門。至於現代丁屋的地下單位，則多數以花園門當正門出入，又花園門大多是雙掩門，以致出現屋細門大的情況，令宅中的旺氣難以留於屋內。這種格局入財雖快，但去財亦快，形成財來財去，不能聚財。

補救方法，就是在大門兩旁放植物以截其氣，或只用一扇門，並長期關上另一扇門。另外，在家中財位放大葉植物或錢箱聚財亦可。

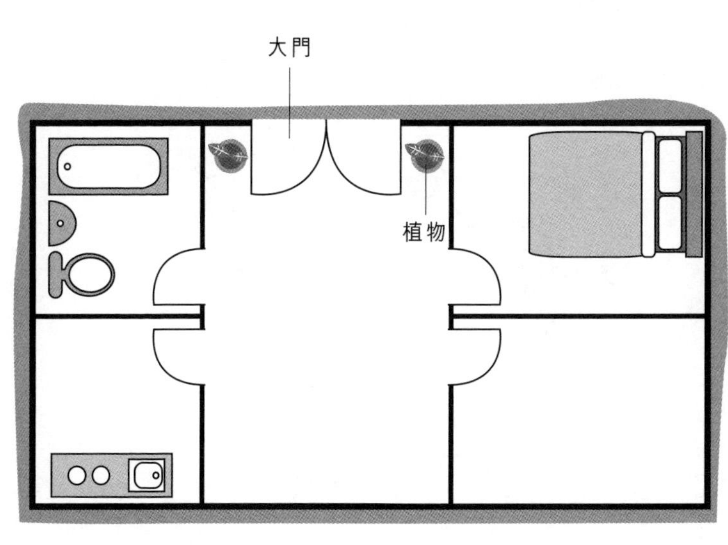

（五）放錯魚缸

風水學上，山管人丁水管財。水有催財作用，亦有破財之負面影響。七運時，東面水利財，西面水破財；八運時，西南水利財，東北水破財；九運北水利財，南水破財。所以，在放置魚缸之時，必定要小心注意。最萬無一失的做法，就是將魚缸放於大門開門處的旁邊，好讓開門時所入屋的門外之氣，能順帶將財氣引入屋內。又七運屋外西面有水亦破財，所以如閣下住在西九龍、荃灣、屯門，或港島薄扶林、香港仔一帶，就宜放八粒白石對着窗外見水之處，以擋漏財。二〇〇四年後及至八運，如東北面有水亦可用此法化解；九運正南也一樣。

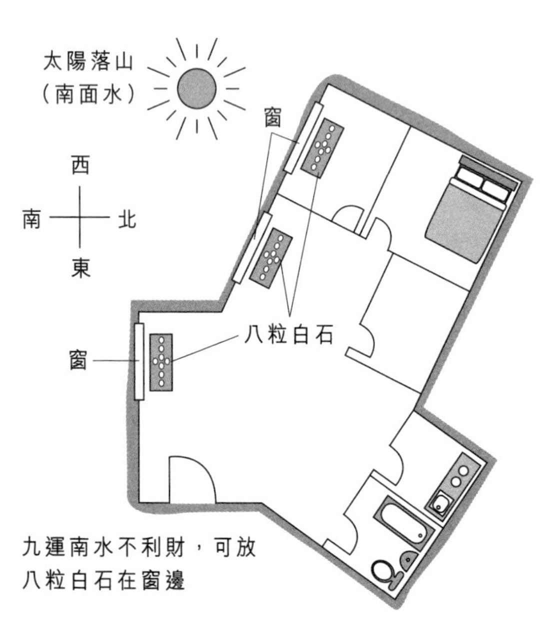

九運南水不利財，可放八粒白石在窗邊

（六）財位在廁所

財位在廁所，或家中缺角為財位，皆有漏財之象。如財位落廁所，宜在廁所內放大葉植物、錢箱等東西聚財，以化解漏財。

財位在缺角等於屋無財位，並無化解方法。唯一的做法，就是用鏡貼在財位處，以增大財位之氣，收聚財之效。

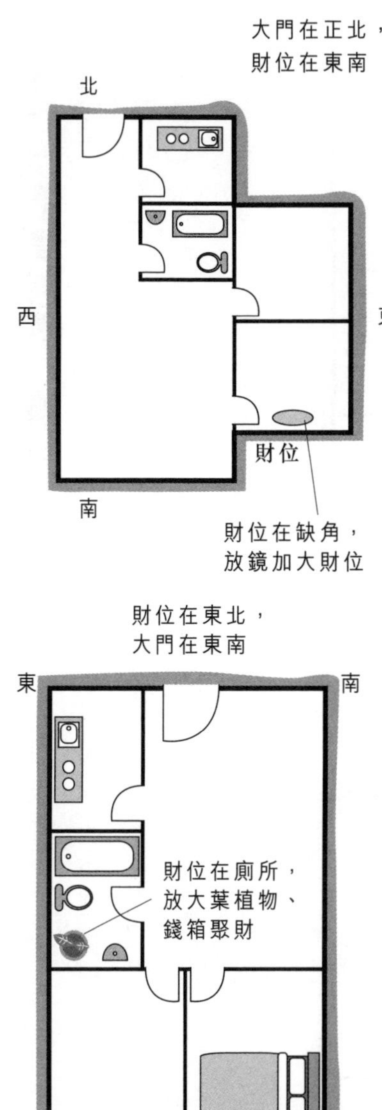

（七）大門對廚房、廁所

大門對廚房、廁所會引致疾病連年。又生病時，難免會破財，嚴重者甚至影響工作能力，以致職位不保。補救方法，就是在大門對廚房及廁所中間放屏風去擋。如不許可，亦宜在廚房、廁所門之左右上角吊植物化解。

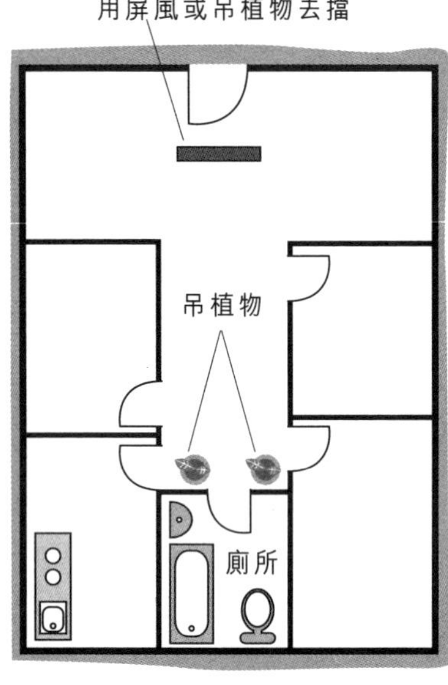

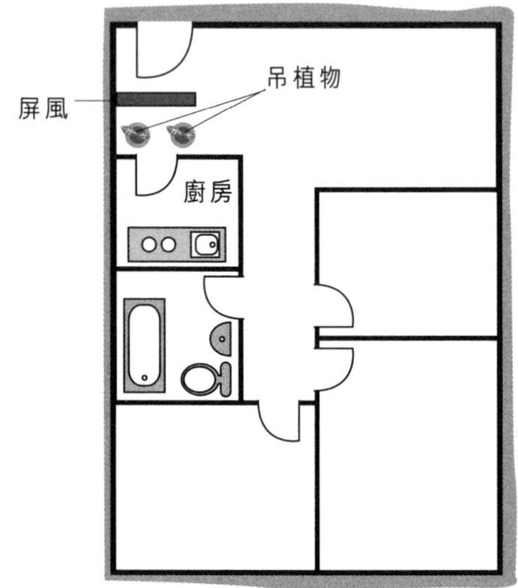

（八）前門對後門

前門進財，後門出財，其氣不聚。化解方法，就是用屏風或吊植物化解。

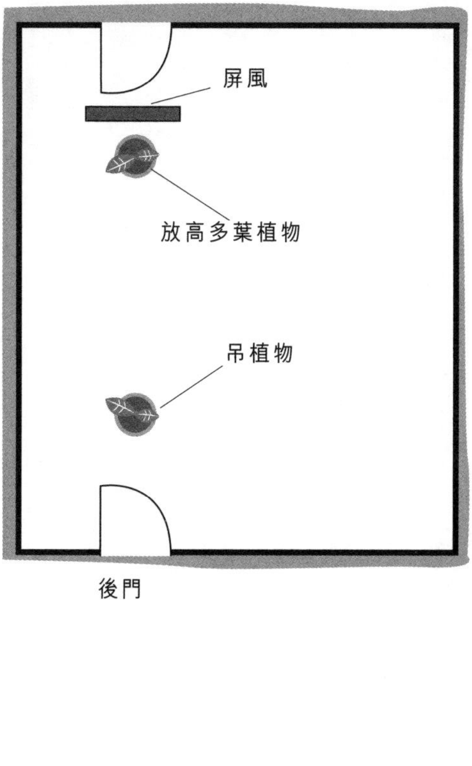

水火相沖（水火交戰）（廁所門對廚房門）

有人說，廚房內的洗碗盆如對着火爐為水火相沖，令人口難以平安和睦；又有人說，微波爐放在雪櫃上、煮食爐下放洗衣機，甚至火爐旁放洗菜盆均是水火相沖。

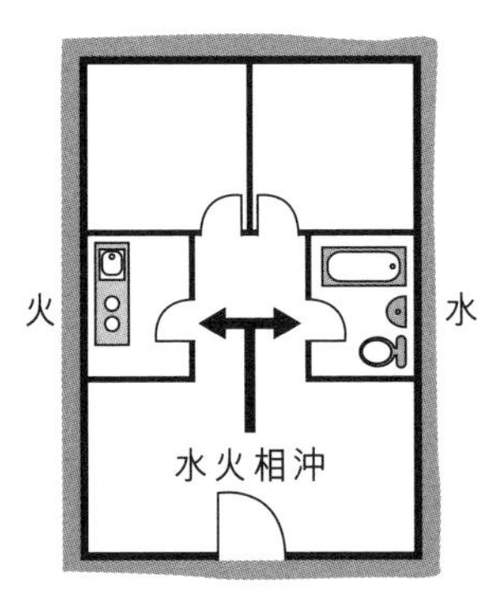

其實以上各種說法都是現代風水師杜撰出來的。試想想，古代的廁所和廚房均設在大主宅之外，既無洗衣機，又無雪櫃、微波爐，所以上述的說法都是現代的風水師各自發明出來的。這不是說創新不對，因風水學說至此，已與古代有很大的出入。最簡單的例子，就是現代的廁所、廚房及洗衣的地方均設在一屋之內，但古代並無說明室內哪處最宜作為廚房、廁所及洗衣的地方。可幸的是，以上三者尚可以八宅法的吉凶去推算擺放位置。然而，灶頭、洗菜盆、微波爐之擺放吉凶，並無古代理論去支持。結果，大家各施各法，各有各發明，以致如上文所述，物件無處可放，好像怎樣放都會出現相沖。

其實以上所有情況都不算水火相沖，對健康亦不會構成影響。好像本人自有微波爐以來，都是放於雪櫃頂上的，因為現代樓宇之廚房面積都不會很大。又不是每個人都住在新型屋苑，可以將微波爐嵌入廚櫃之內，所以擺放微波爐時，最好就是放在雪櫃之上。我被人問過以上問題不知多少遍，故不得不在此加以說明。

事實上，廚房對廁所方為水火相沖，會引致家人不睦，人口不和，甚至引起疾病、意外受傷，所以不得不化解。而最徹底的辦法，當然是將廁所門或廚房門改成兩不相對，不然亦可在廚房門或廁所門角吊植物化解。

水龍頭對着去水位會漏財？

又有風水師說，水龍頭的來水位不能對着去水口，說這樣會漏財。如果是這樣，我想要這位師傅自己去生產水龍頭才可以避免漏財，因大部分水龍頭的設計都是對着去水位的，以免水花四濺。所以，這種說法根本很荒謬。

鏡

鏡在風水學上有廣泛的用途，單單是鏡就分為八卦鏡、凸鏡、凹鏡和平面鏡等，又每種鏡各有其不同之作用。

八卦鏡

八卦鏡應該是最廣為中國人熟悉的風水器物之一。不少人都以為用八卦鏡，便一定是「鬥法」，其實並不盡然。此外，使用八卦鏡是有一定法則的。

風水學上所用的是「後天八卦」，因為「先天」是本體，「後天」是運用，只有八卦鏡才使用先天八卦。

八卦鏡的功能有：擋鑊形物（鐵鑊、鑊形天線）、路沖、尖角沖、三煞、惡形山勢或晾衫竹等天然或人為的風水形煞。當各位的家居戶外出現上述情況，可試用八卦鏡擋煞。

不過在選擇鏡的時候，有些東西是需要注意的——擋煞時所使用的八卦鏡，必須是「凸鏡」。許多人以為凡是鏡便會有反射作用，但事實並非如此。在風水學上，平面和凹陷的鏡，是把外物「借入」；只有凸面的鏡，才是把外在形煞反射出去的風水器具。

凸鏡

一般作擋煞化煞之用，其作用較為平和，既有消散煞氣之用，又不會影響人家。其作用與八卦鏡差不多，可擋窗外之煞氣，如電塔、燈柱和路沖等。

凹鏡

凹鏡主要用以收煞。風水學上有云：「要快發，鬥三煞」，但收煞只可用於商鋪、寫字樓等人口常常流動的地方，否則會影響健康。但收煞要有一定之風水知識才可採用，否則收而不化，反而有害。事實上，收煞亦即收財，即是把街外之財收為己用。收財之後，一定要把煞氣化解，而最簡單的辦法就是在凹鏡之後再放植物化煞。

平面鏡

平面鏡在風水學上之應用最廣，因平面鏡無凹無凸，應用之時全憑意念——其意念是收即收，反射即反射。平面鏡最常用的收財方法是對着窗外空曠的地方，從而把窗外之氣收入屋內，帶旺屋主。

另外，風水極差之屋宅，亦可用鏡對大門，從而把衰氣反射，使凶宅化為吉宅。平面鏡在家中為常見之物，其安放位置要特別小心，不可以對着家中所有的門，如大門、廚房門、廁所門和房門等，否則容易引致嚴重疾病。

鏡之禁忌

鏡對大門

此為凶象，會把家中旺氣反射出屋外，且會引致家人不和睦、疾病、脾氣古怪等。事實上，只有家中風水特別差的家宅才能用鏡對門反射，但這只能收一時之效，之後又會打回原形。

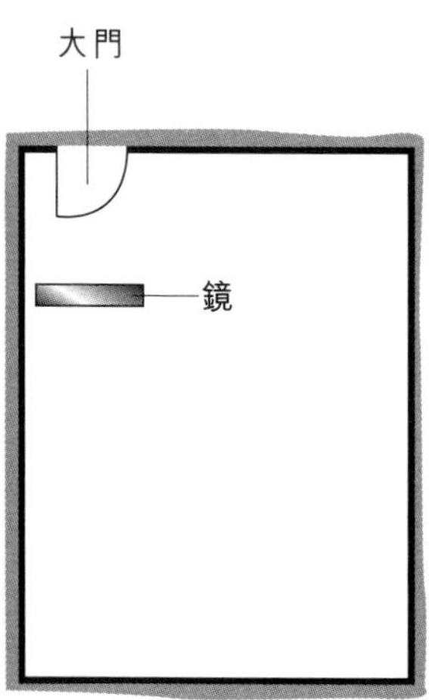

鏡對廚房

在風水學上，這是現代家居設計常常會犯的錯，因為廚房對鏡必然會產生或大或小之疾病，而病情輕重就視乎風水形局及個人本身的體質。簡而言之，廚房在不同的位置會產生不同部位的疾病。又不論何種疾病，最簡單的化解方法是把鏡拆掉或遮蓋。如不許可，亦適宜用高而多葉的植物去擋。

鏡對廁所

廁所屬水，水屬腎、膀胱、泌尿系統，廁所對鏡會產生上述身體部位的毛病。化解方法與對廚房相同。

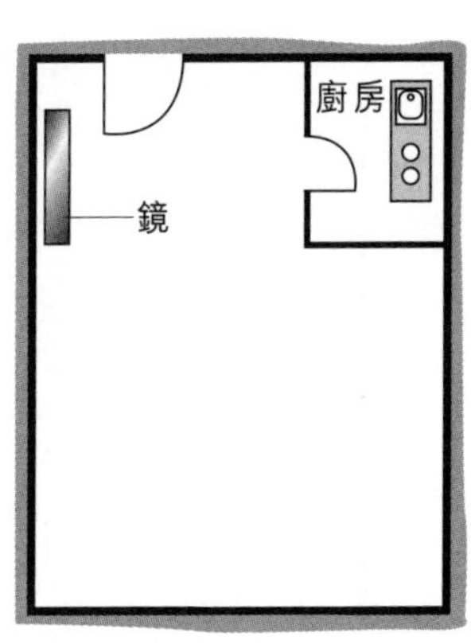

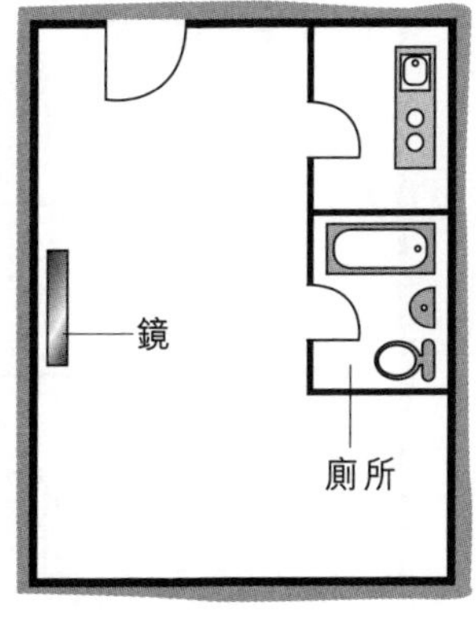

鏡對房門

房門對鏡會使人產生驚嚇，因一出房門便好像立即見到另外一個人似的，下意識難免會覺得仍有某人在家，長久可能會造成神經衰弱、精神不集中、頭暈、反胃等症，故宜把鏡拆掉或遮蓋。

鏡對牀尾

其不良效果與鏡對房門一樣，而化解之法亦一樣。

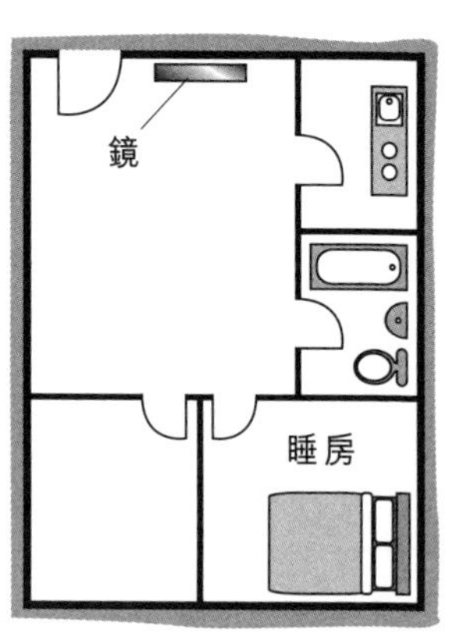

鏡對牀頭

亦為不吉，但所產生的負面效果相對較少。其實，只要不是一塊大鏡的話，就可以不用化解。

鏡對牀側

鏡對牀側在風水學上沒有問題，可以不用化解。

梳妝枱鏡對門

雖為不吉，但影響較少。如無其他位置擺放，可於不用鏡時用布簾遮蓋即可。

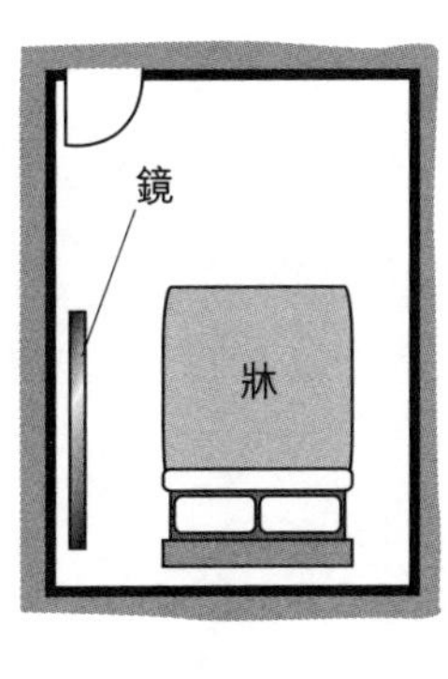

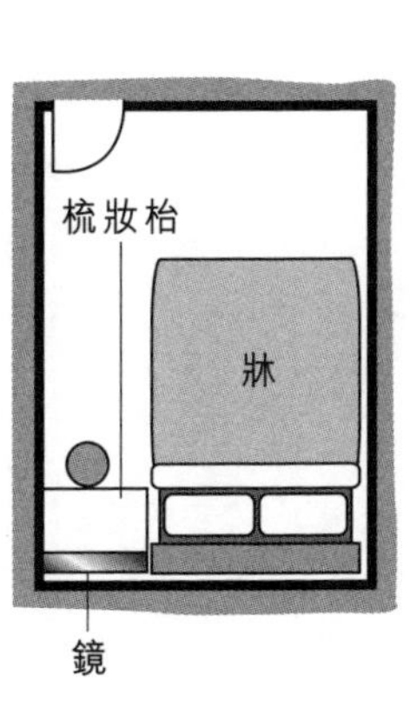

財位、凶位、桃花位

家居風水最需要注意的位置，就是桃花位、凶位及財位。

桃花位又叫「人緣位」，除了對未婚男女有用之外，對已婚者或小孩亦有幫助。桃花位除了利於結識異性外，對人緣亦能起正面作用。如果閣下從事需要經常接觸不同人士之行業，作用就會更為明顯。所以桃花位在辦公室風水格局中，最宜供要接觸新客戶之部門使用，或作老闆之座位亦可。住屋方面，以桃花位來做書房或小孩之房間就最為適宜，因小孩子有桃花，在學校內就會受歡迎，令他們更開心地上學，增加學習之樂趣。唯一不適宜的，就是做主人房。如果宅主人夫婦均從事案頭工作，不用常常接觸不同客戶的話，增強桃花只會引致婚外情、爭吵。

財位又叫「健康位」，無論風水怎樣壞，身體怎樣差，睡在財位內均有正面的作用。財位在辦公室內最宜做營銷員或老闆的座位。而在家居內，當然最適宜做主人房或供身體較差的家庭成員使用。又財位可放大葉植物、魚等有生命的生物，以帶動財氣，增加財源。同時，亦宜將貴重之物件擺放在此，以起聚財的作用。最不宜做儲物櫃，更差者為廁所，皆主不能聚財。

凶位為病位、爭吵位、犯錯位。如兩夫妻睡在凶位，會常常吵架、生病。如坐在辦公室之凶位，則做事時會經常出錯，容易引致疾病，最終飯碗不保。如老闆坐凶位，難免脾氣不佳，常常罵員工。所以，凶位只能作擺放文件或廁所之用。最凶者是在廚房，主常生疾病，屢醫無效，必須以風水之法加以化解。而最簡單的做法，就是在凶位內放一個真的葫蘆瓜乾去鎮壓。

如何尋找財位、桃花位、凶位？

察看風水時，首要做的，就是找出屋中之財位、桃花位及凶位，然後按照自己之需要而作出適當之佈局，從而善用桃花位（亦即人緣位）及財位，並適當地處理凶位等。

吉凶位置

第一步，我們首先要學怎樣找出以上之吉凶位置。為使各位讀者更易於尋找，現將不同方向之室宅的財位、凶位及桃花位之位置列圖如下：

大門向南

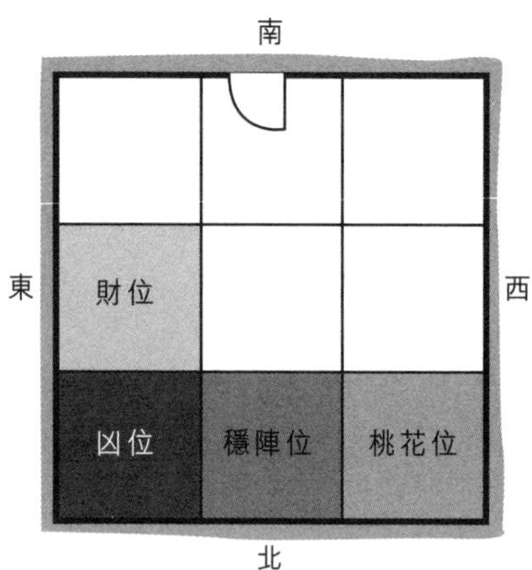

大門向南，桃花位在西北，財位在正東，凶位在東北。

大門向西南

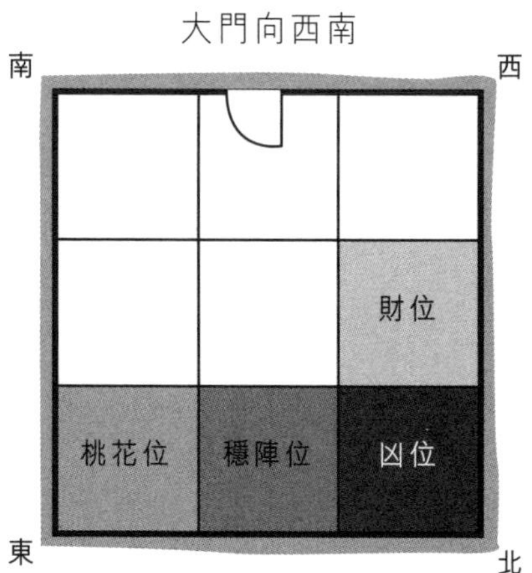

大門向西南，桃花位在正東，財位在西北，凶位在正北。

大門向西

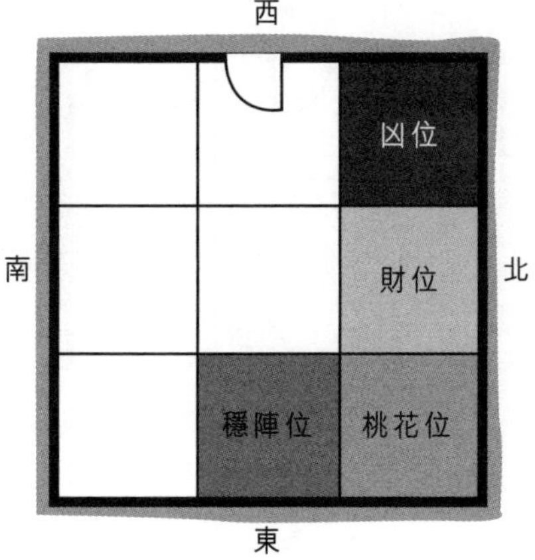

大門向西，桃花位在東北，
財位在正北，凶位在西北。

大門向西北

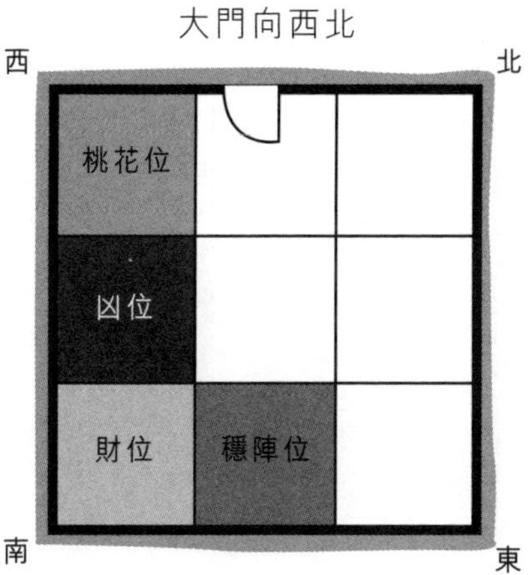

大門向西北，桃花位在正西，
財位在正南，凶位在西南。

大門向北

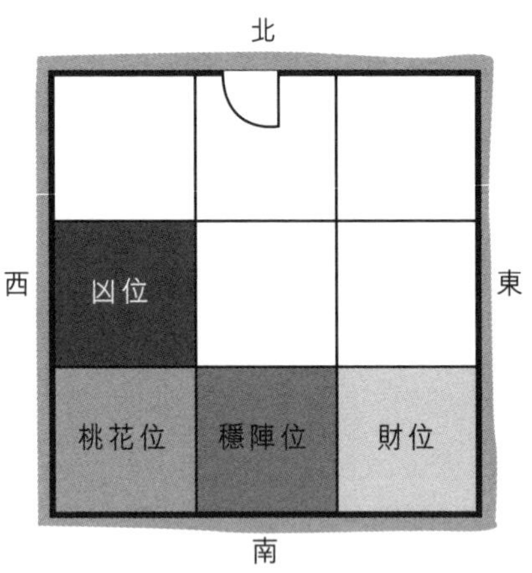

大門向正北，桃花位在西南，財位在東南，凶位在正西。

大門向東北

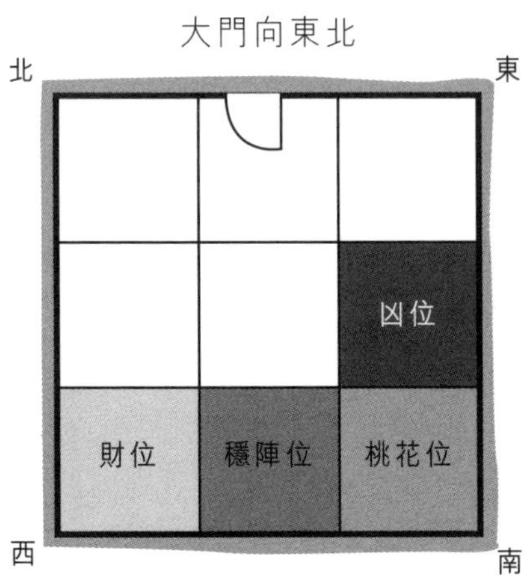

大門向東北，桃花位在正南，財位在正西，凶位在東南。

大門向東

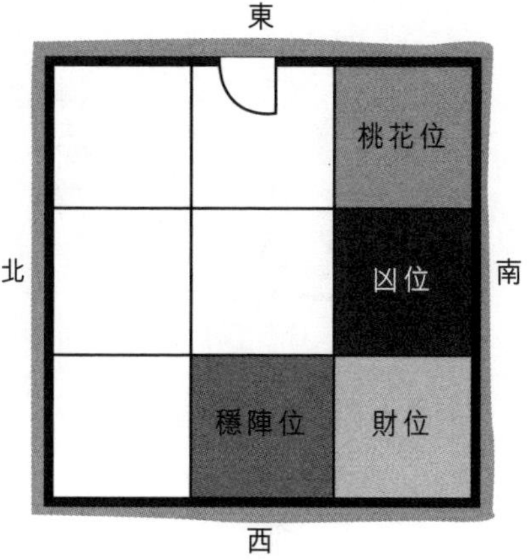

大門向正東，桃花位在東南，
財位在西南，凶位在正南。

大門向東南

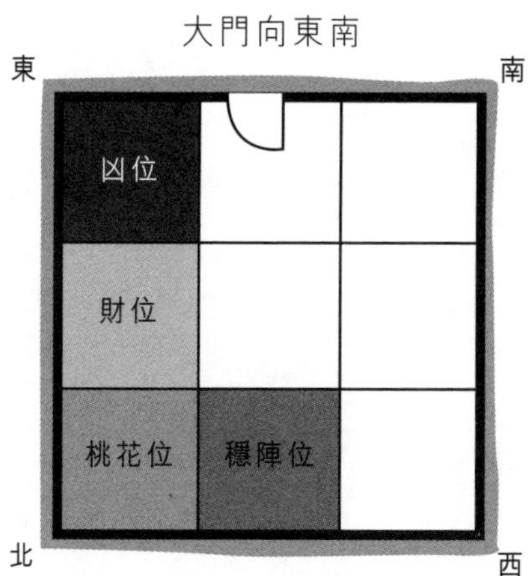

大門向東南，桃花位在正北，
財位在東北，凶位在正東。

門牌號碼

門牌號碼是以人命之用神為基準。如用神為火，則二、七有利，一、六為忌；用神為木，則三、八有利，四、九為忌；用神為水，則一、六有利，五、十為忌；用神為金，則四、九有利，二、七為忌；用神為土，則五、十有利，三、八為忌。

所以有時你去算命，算命師傅會說：「一字記之曰：『三』住不得，用不得」，這就代表你的命格以木為忌。相反，如：「一字記之曰：『七』，大吉大利」，則代表你的命格以火為用。

但其實門牌號碼只是一個數字，對整個風水形局並無影響。事實上，風水好的住宅，即使門牌不配合，仍以吉論；但如風水不佳，則即使門牌號碼配合，亦無所用。所以歸根究柢，仍是要察看風水的形局和方向是否當運。

樓層高低

風水層數的吉凶實創於近代，因古代樓房一般只有一層、兩層，及至清末民初始有十層、八層之高樓出現。於是在那段時間，便有風水師創出層數風水學，而其理實出自洛書大數：「天一生水，地六成之；地二生火，天七成之；天三生木，地八成之；地四生金，天九成之；天五生土，地十成之」，其數最盡為天五生土，地十成之；共十五之數。其計算方法是一層、六層屬水，旺水之年對此層數有利（即豬、鼠之年，或以流年納音五行計算）；二層、七層屬火，旺火之年對此層數有利（即蛇、馬之年）；三層、八層屬木，旺木之年對此層數有利（即虎、兔之年）；四層、九層屬金，旺金之年對此層數有利（即猴、雞之年）；五層、十層屬土，旺土之年對此層數有利（即牛、龍、羊、狗之年）。餘下十一至十五層數相同。

當年創作之人，實在沒有想過幾十年後，會有超過百層之大廈出現，而十五層以後又應怎樣計算呢？其實即使五十層、一百層，亦可以用以上之方

法伸延開去：如五十一層、五十六層屬水；五十二層、五十七層屬火；地下一層屬土，地下二層屬金，地下三層屬木，地下四層屬火，地下五層屬水等。

但我可以告訴你，這種計法實無必要，況且現代建築物亦難以計算其層數。好像有些大廈的第一層由三樓、五樓等開始，下層為停車場、會所等；又很多大廈沒有十三及十四層，如此這般實在難以計算。其實，考量現代建築物的層數高低時，主要是看其室外景觀——如遇三叉路沖，下層影響大而中層影響小，十層以上甚至全無影響。又高層如對着別的大廈屋頂、鑊形天線、避雷針等，則低層就不受此等煞氣所影響。歸根究柢，樓層之數字對風水實在影響不大。惟低層靠近地下，難免陰氣較重，而高層靠近天空，所以陽氣較重。但論其吉凶，最主要還是要計算大門所在的方向是否配合元運。當運則吉，失運則凶。

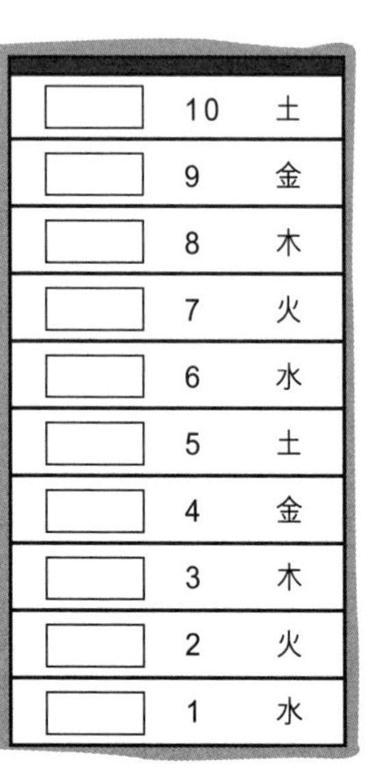

窗外煞氣

以上數篇已論盡大門及內局要注意的地方，接下來當然要講解觀察窗外環境之要點，看看有否不吉利的地方。

觀察窗外環境時，除了要注意有否煞氣，如尖角煞、穿心煞、天斬煞、路沖、人造煞氣外，還要注意居住環境附近到底是甚麼地方。

窗外有形煞

形煞方面，我在《蘇民峰風生水起巒頭篇》已有詳盡介紹，而主要的有形煞氣，就包括尖角沖射、鏡煞、天橋路沖、穿心煞等，又大部分形煞皆可用植物去擋。

窗外有火煞在近處

火煞指紅色樓宇、電塔、燈柱及電纜等會發電發熱之煞氣，可用水去擋。

窗外有消防局、警署、軍營

為陽氣過重之煞氣。簡單而言，可用窗紗再加上尖葉、細葉的植物去擋，然後再加一杯水去化解。

窗外對醫院、殯儀館

窗外近對醫院、殯儀館為陰氣煞。可先把室內的燈光調亮一點及保持室內空氣乾爽，然後再在窗前放植物或反光紙去擋。

窗外對廟宇、教堂

廟宇、教堂為陰陽二氣相聚之地，其氣較重。如本身信仰相同，就會有感觀交應之效，不用化解。不過，即使閣下不是教徒，其實只要窗外並非對着廟宇正門、教堂之獨立形十字架，也不會出現大問題。如果正正對着，就可用窗紗及植物去遮擋。

窗外對垃圾站

這實在與環境衛生有直接的關係。如垃圾站剛好在閣下住處的樓下或旁邊，唯一的化解方法，就是經常關上窗戶，然後開空調、抽濕機、空氣清新機等來保持室內環境衛生。

窗外見路軌

現代的建築物千奇百怪，尤以建築在火車站、地鐵站上蓋的建築物為甚。如閣下的住屋剛好在此等建築物之上而單位又近對着鐵路，便會感到每天都好像有火車衝進家宅一樣。如單位在高層，感覺尚且不太強烈；如在低層的話，火車衝入屋的感覺就會強烈得多。化解方法，是在窗上張貼反光玻璃紙，並加窗紗、尖葉、多葉植物去擋、去遮及去鬥，從而把煞氣化掉。

樹之高矮

曾經兩次被問及，室內種樹是否不宜太高。第一次是在很多年前，由有一個專做台灣機票買賣的旅行社老闆提出，他說台灣有一位風水師對他說，室內的樹不能高過人頭，結果他把辦公室的樹全部剪短。第二次是二零零三年底，被另一個客人問及，室內的樹是否不能高至屋頂。

第一個問題，我想不用我解說，你們也知道答案。試問哪一間酒店種在室內之樹不高過人頭？第二個問題其實和風水無關，因樹長得過高自然會頂着天花，如果你覺得沒有問題，當然不用理會；但如覺得不美觀，把它修短一點亦無不可。事實上，筆者辦公室中那棵催財用的水種植物，已經種了三十多年之久，故早已高過天花，彎曲生長了。而我當然沒有理會它，由它繼續生長。

住近天橋一樣有運行

在風水學上，不同形狀的天橋會對附近樓宇之運程產生莫大的影響。想知道住所附近的天橋對你是吉是凶，現不妨參照以下幾種天橋，看看對你的運程有何影響。

環抱有情，闔家和睦

例子：東區走廊

弧形天橋與樓宇距離較遠，可消除行車時所引起的衝力。加上天橋呈帶狀，形成環抱樓宇的「藏風聚氣」之象，代表闔家和睦共處。

九曲來水有情有財

例子：三號幹線

風水學上，直水代表無情，主財來得快、去得亦快；相反「曲水有情」，

一・家居佈置小常識
二・實用風水
三・家居篇
四・辦公室風水
五・風水用品

如單位外望見到彎彎曲曲的天橋、公路，既有利學習，亦利升遷，對學生和公務員最為有利，能助後者升官發財。

貨如輪轉聚氣聚財

例子：大角咀奧運站

一條大而直的天橋在分叉位置設小迴旋處，可以令行車直衝時所產生的煞氣在迴旋處減弱。由於轉彎減速有聚氣及貨如輪轉的作用，所以若迴旋處的出口正向自己的樓宇，就能將財氣帶給自己，但易財來財去，故財來宜買實物為佳。

近為反弓水，出人反骨無情

例子：金鐘道

弧形天橋貼近樓宇，行車時會引發衝力，若衝力大（即車速飛快）就會引來煞氣。像金鐘道這條橋，在風水學上就稱為「反弓水」，又其無論離樓宇遠近都作凶論。這種天橋主出無情之輩，即下屬背叛老闆、子女不孝等。另外，宅中人亦容易受傷。化解方法，就是在對橋的窗門左右各放一盆植物。

萬箭穿心百害無一利

例子：香港紅磡海底隧道入口

顧名思義，「萬箭穿心」是指天橋錯綜複雜地伸展並插向同一個位置，使行車時造成亂而密集的煞氣。這種天橋不單會令房子長期空置，難以租出，甚至令宅中人時有毛病，可謂百害而無一利。化解方法，就是在窗口放置植物或鏡擋煞。

扯水天橋財來財去

例子：紅磡舊機場天橋

直而近的天橋會將行車時的氣流帶動入屋再帶出，形如一潭水被扯走，以致連帶近橋之住宅的財氣亦易被帶走。化解方法，就是用反光玻璃紙貼窗，並在窗前放仙人掌等針葉、尖葉植物或用窗簾長期遮着窗戶。

第四章

辦公室風水

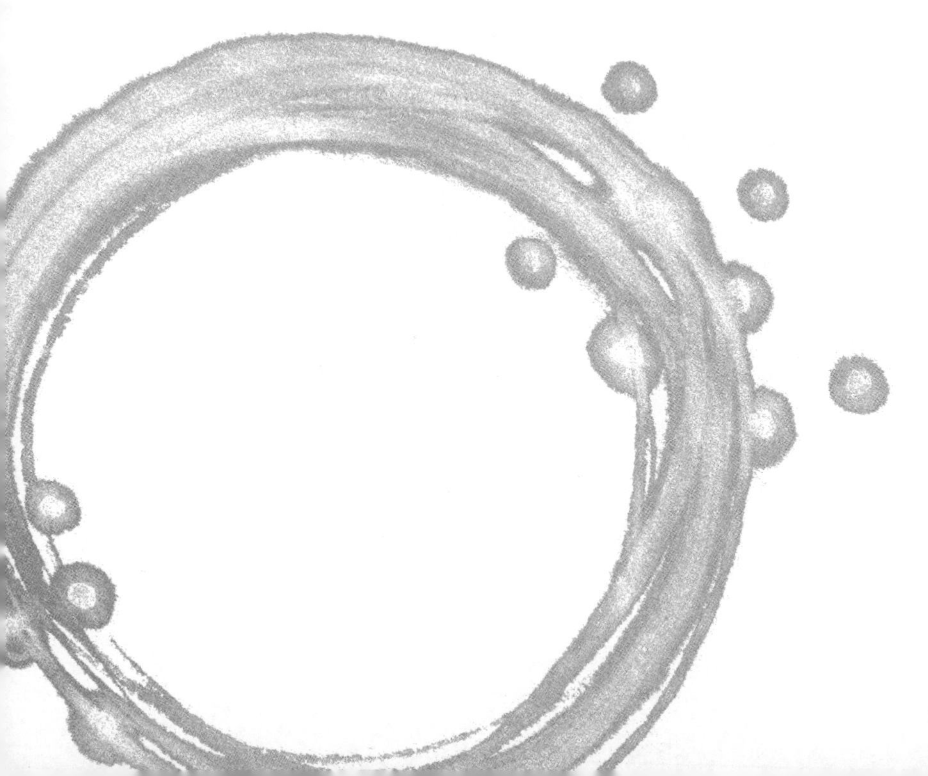

寫字樓陷阱

寫字樓內，危機重重，稍一不慎就會讓小人有機可乘，輕則打小報告，重則飯碗不保，所以不能不注意辦公室內的風水，並及早化解。

煞氣一——接待處對長走廊

如果你是接待員，又接待處剛好正對公司大門，則外面長長的走廊所形成的煞氣便會直沖接待處，令你必然首當其衝，承受煞氣。如果你走運的話，大都會辭職不幹，否則經常生病，屢醫無效。

化解方法：

（一）在接待處枱上的左右角放植物，或插鮮花亦可。

（二）可在接待處內放一面小鏡子向外，從而把煞氣反射出去。

化解方法：

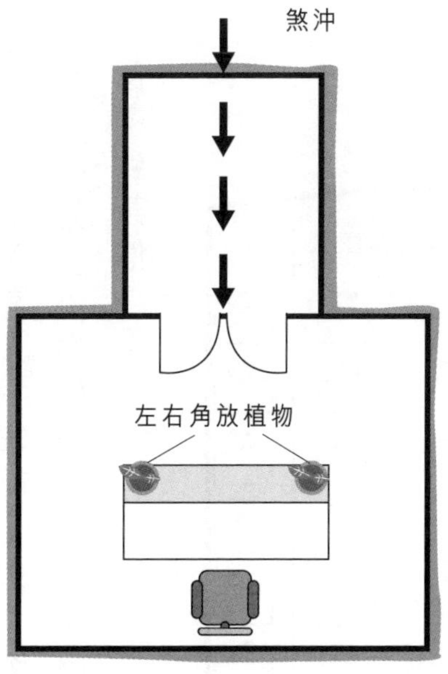

化解方法：

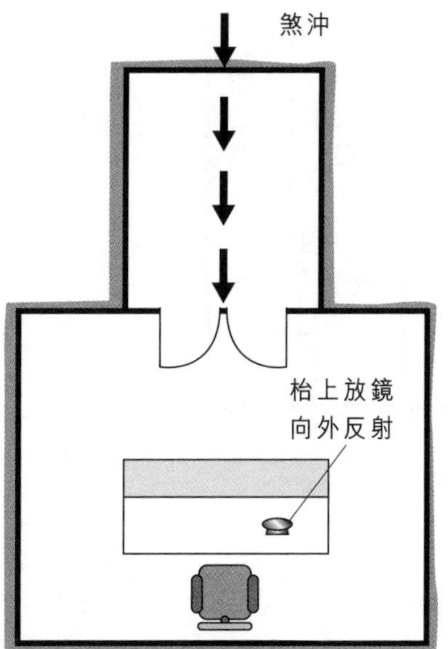

煞氣二——走廊沖房門

公司面積大，兩排座位間一定會形成一條長走廊。如果你的房間正對着長走廊，其煞氣便會與上述的煞氣相同——輕則患病，重則辦事不力，常常出錯，最後工作不保。如果閣下是老闆，遇上這種情況，就會常常無故發脾氣，無忍耐力，得罪客人，失掉生意，所以必須化解。由於房間在公司裏面，所以只能在門旁放植物化解，而不能用鏡片反射煞氣，否則鏡會把煞氣反射出去，影響到其他員工。

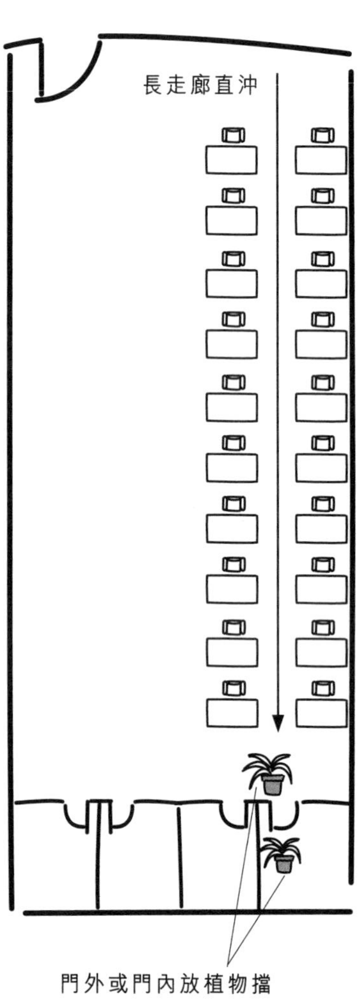

煞氣三——座位對老闆之大房

秘書小姐的座位常常對着老闆之大房，但這樣原來亦會形成煞氣，又其原理與「煞氣二——走廊沖房門」相同，只是沒有那麼嚴重而已。化解方法，就是在枱頭對老闆房間處放植物。但如枱邊已有屏風，而坐下之時，屏風又高過人頭的話，則已將煞氣擋住，毋須化解。

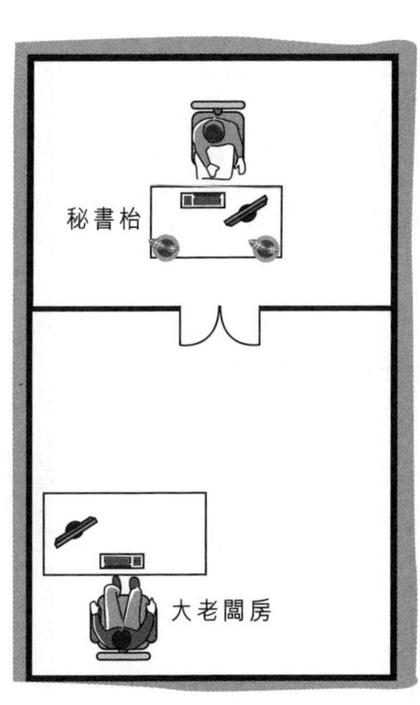

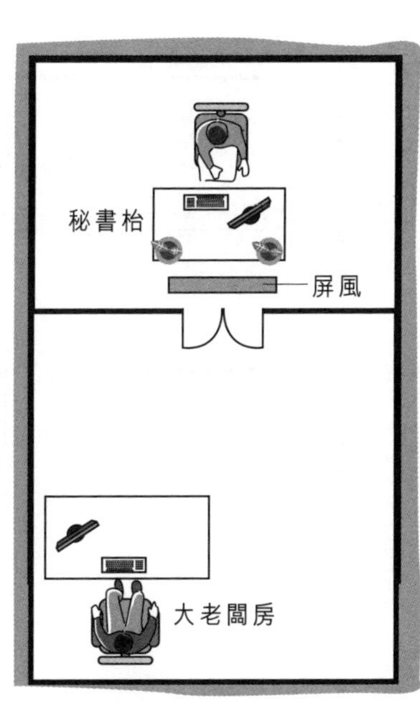

煞氣四——背後為走廊，或人來人往的地方

背靠如為公司的主要通道，為背後露空，無靠山，除不能專心工作外，亦難得上司寵愛。公司每有動盪，他們必然是受害的一群。補救之法，就是在背後加屏風或放高多葉植物。但如以上兩種辦法都行不通，就唯有在自己的椅背位置放一件咖啡色的衣服作為靠山。

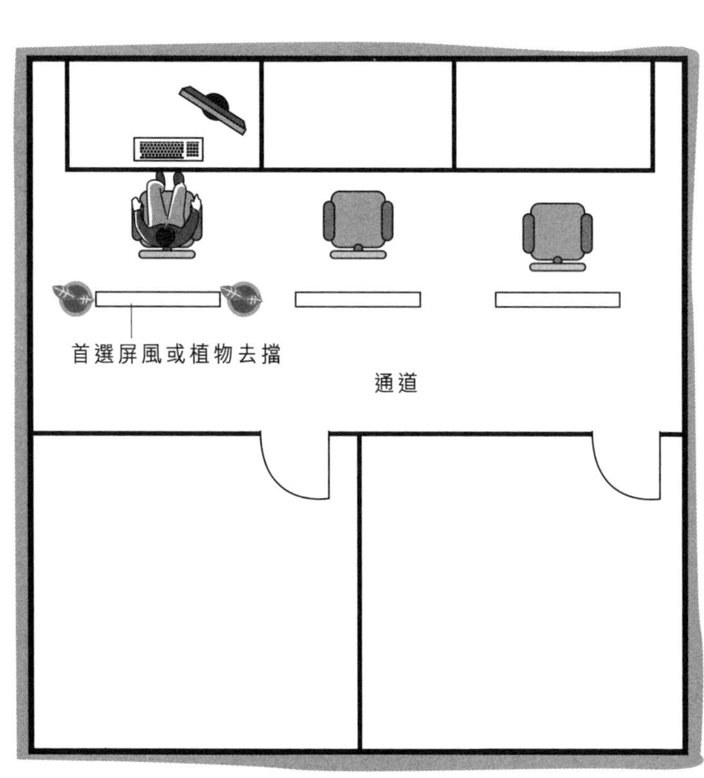

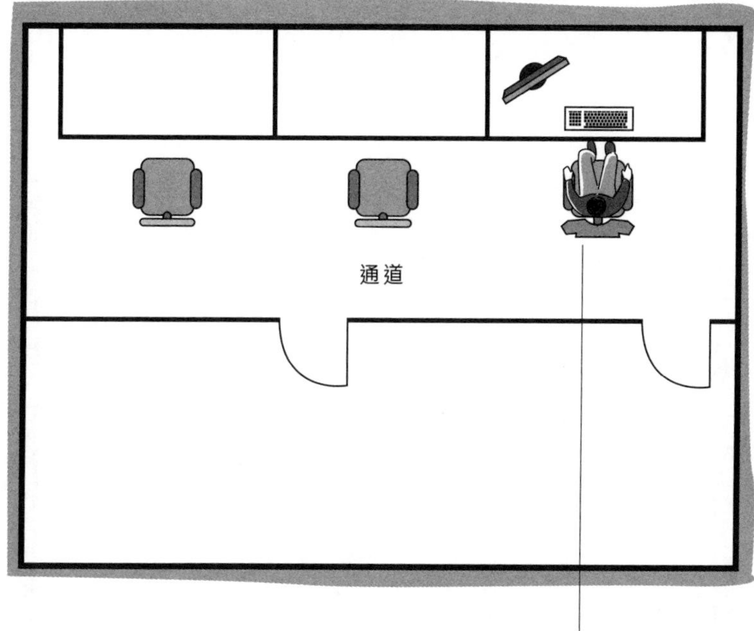

如通道太窄，唯有在椅背放
咖啡色衣服做人造靠山

煞氣五——尖角對門

有時候，房間剛好位處轉角之位置，因着間隔問題，有時甚至會對着外面座位之角，以致形成尖角對門，影響極為不利——輕則是非，重則損傷疾病。如沒有辦法改動房門，就可於外面角位放植物化解，亦可在房間之左右上角吊植物。

放植物來遮着角位

或門頂吊植物擋

辦公桌有玄機

辦公桌在風水學上有不少學問，如擺放得宜，能令人精神集中，提升工作效率；否則，會帶來反效果，影響表現及健康。以下兩種為最理想之辦公桌擺放方法。

對門而坐一

對門而坐的意思不是正對着門口而坐，而是正對着門口的方向，而後靠牆而坐，此為背後有靠山。而後靠窗則為座空朝滿，亦為佳局。

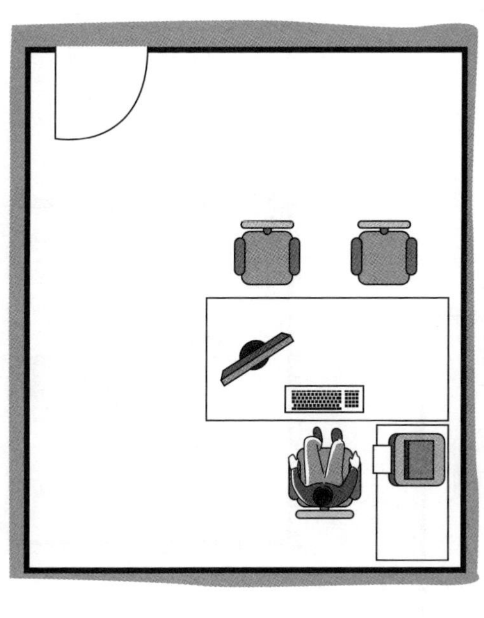

對門而坐二

這種對門而坐的方法能讓視線對着門口，亦為最正常之辦公桌擺放方法。

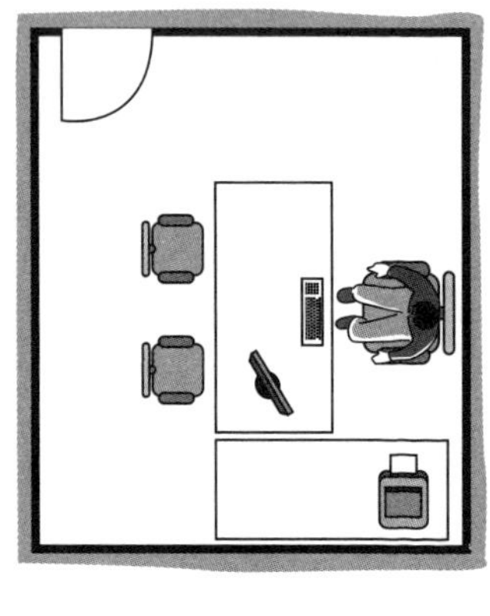

錯誤擺法一——門旁放置辦公桌

這種擺法容易引致精神不集中，情緒不定，影響工作能力。

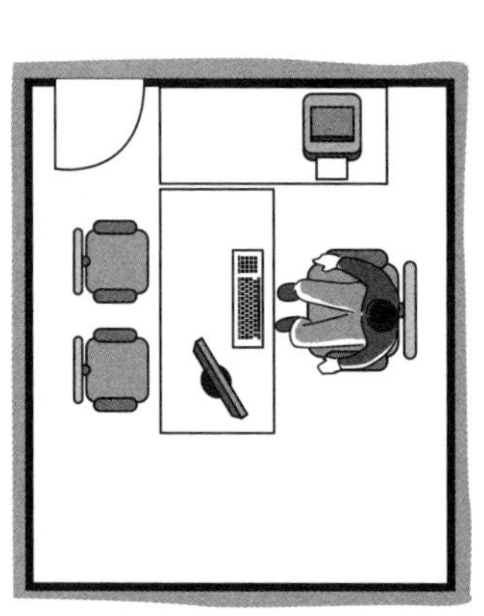

錯誤擺法二——背門而坐

背門而坐是辦公桌最錯誤之擺放方法。若閣下是管理階層，這代表下屬不得力，無管治威信，慢慢會失掉管治能力，且員工每會陽奉陰違，吃裏扒外。不過，如果你不是管理階層又或者從事設計等行業，則這樣擺放辦公桌亦無不可。

又有時辦公桌會對房門而坐，在不得已之時，這種擺法亦無不可，但要注意門前有否與走廊相沖，如有的話，必須在枱頭放植物化解。

特殊擺法

有時因應各人命格的不同，會無法用上上述對門而坐（一）及（二）的兩種擺放方法。例如秋冬天出生的寒命人宜面向東、南、東南、西南，春夏天出生之平命人及熱命人宜向西、北、西北、東北等方向，以致無法依（一）及（二）的兩種方式而坐，或要向斜角擺放。

以夏天出生之熱命人為例，辦公桌宜向西或北而坐。從附圖看，只有斜對着門才能向西，又這種坐法亦為佳局。

又不同行業有其特定之寫字枱擺法，如從事設計的部門，大多宜面壁而坐。由此可見，辦公桌的擺放方法應以行業之考慮為先，並在情況許可下再配以風水擺法。

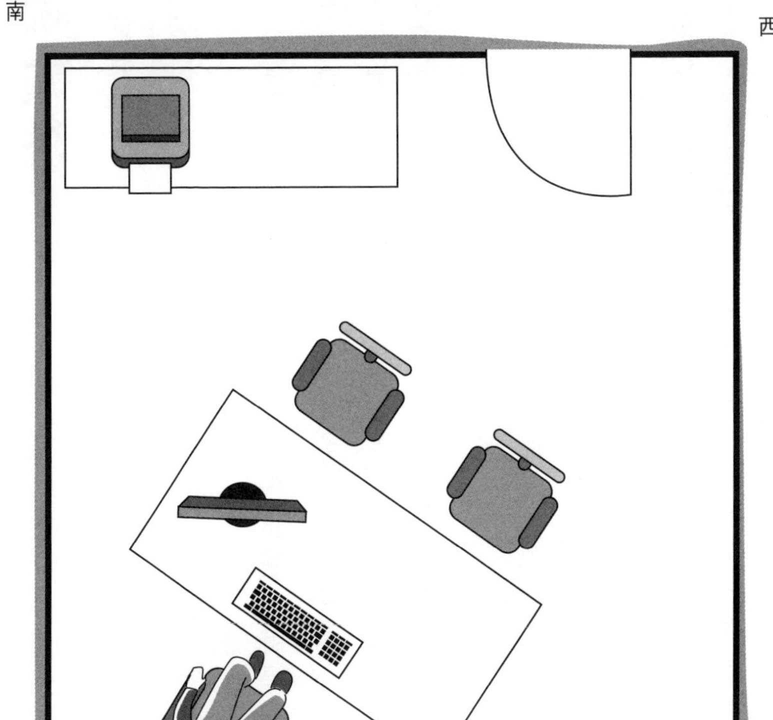
南
西
東
北

保飯碗大法

經濟好的時候，人人只顧搵工跳槽；經濟不好的時候，首要的，當然是保住飯碗。

保飯碗之法首要是旺人緣，而旺人緣之法，就是於每年之流年桃花位放一杯水加一個音樂盒，藉以音樂盒所發出的金屬聲響來震盪水，使水氣散發，催旺桃花。桃花旺了以後，老闆看見你也覺得順眼一些，而被「炒魷魚」的機會，自然相對減少（每年飛星之一白屬桃花）。

第二，要催財，催財之法是於座位之入口處，或在房間開門時有空氣吹到之位置，放一棵水種植物。催旺財星以後，收入自然有保障。

第三，背後要自製靠山，即是在自己座位後面放一塊大圓石頭或八顆細石春。如石頭無位置可放，則在椅背後掛一件咖啡色之衣服來作靠山亦可，因

在辦公室佈置保飯碗風水局：

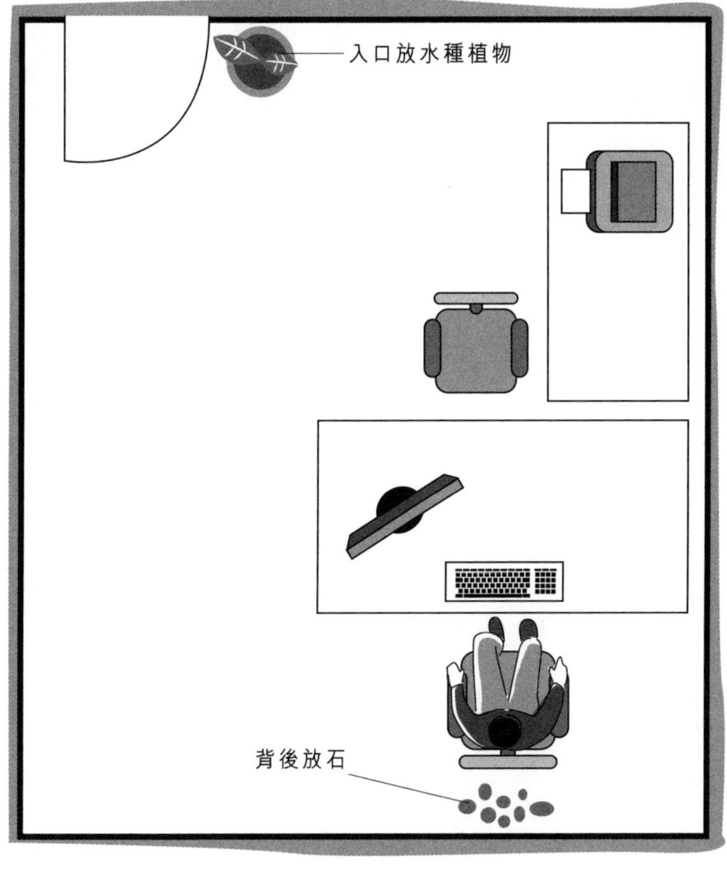

石頭及啡色皆屬土。自製靠山有利人緣，亦利人事穩定，被炒之機會自然更低。

最後一招是於每年之財位再放一杯水催旺財星，這樣便萬無一失了（每年之九紫位為流年財位）。

註：流年一白水、九紫火之位置可參考每年《通勝》之第二頁，亦可參看流年運程書。

在座位佈置保飯碗風水局：

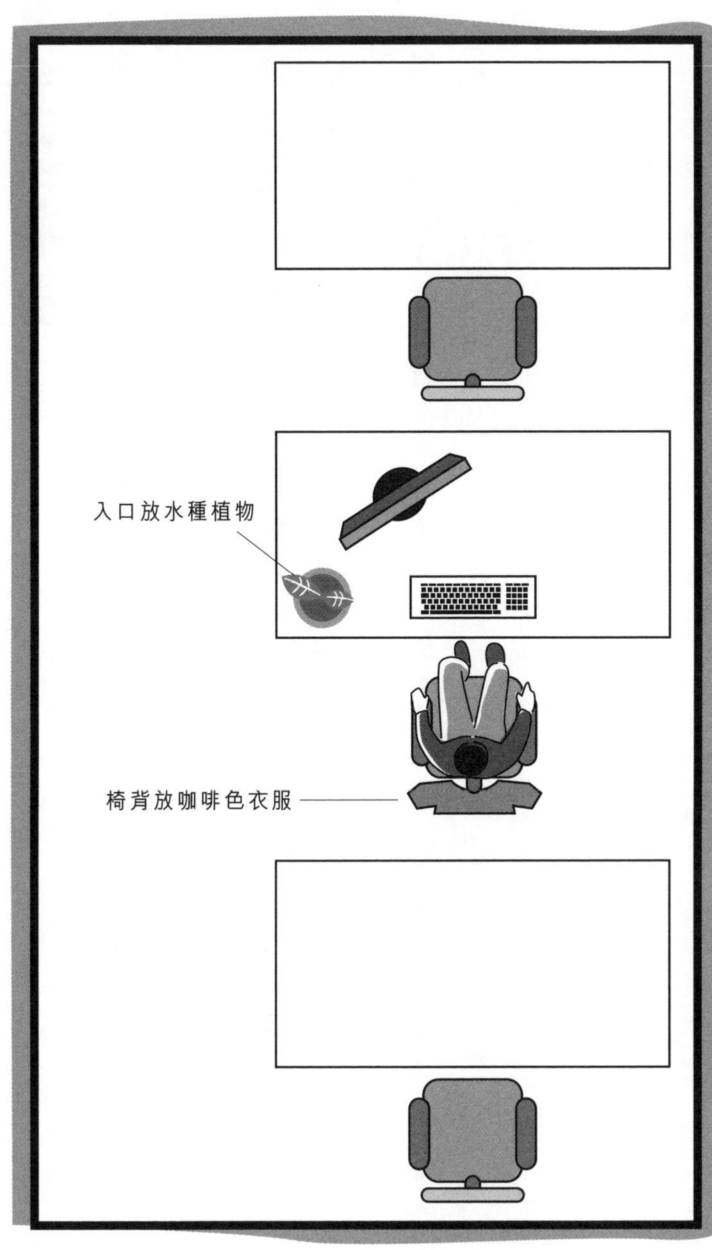

搵工基本法

如不幸被解僱，當務之急當然是要尋找新工作。以下的「搵工基本法」，不論是想尋找新工作抑或想搵工跳槽，同樣適用。

搵工之法首要催財，而且要催急財，所以此法不能長久使用，只能在三個月內有效，因此應在稍有頭緒之時方用此法。

其方法是於正北位置放一缸水，內放一條黑摩利、一棵海草及一粒黑石。如果仍不放心的話，可再加上催桃花人緣局——在每年之流年飛星桃花位「一白水」之位置放一杯水及一個音樂盒即可。

放一缸水，
內放一條黑摩利、
一粒黑石、
一棵海草，
然後再配合催桃花人緣局

辦公室防小人法

辦法室內陷阱處處，是非多多，正所謂害人之心不可有，防人之心不可無，只要偶一不慎，就會遭小人打小報告。輕則影響同事們對你之觀感，重則使上司覺得你辦事能力不足，難展拳腳。

防小人之法首要保住自己的地位，所以要先由催丁方面着手。而催丁即代表催旺自己的身體及人緣，間接可提高自己的辦事能力。

催丁之法一，是在自己背後自製靠山，即在椅背放一顆大圓石春。如不許可，亦可在椅背掛一件咖啡色衣服。同時，可在西南及東北位置各放八顆白色石頭。

至於防小人，主要是化是非口舌，而每年之「三碧木」為是非位，故可在「三碧木」之方位放粉紅色物件或九枝粉紅色花化解。

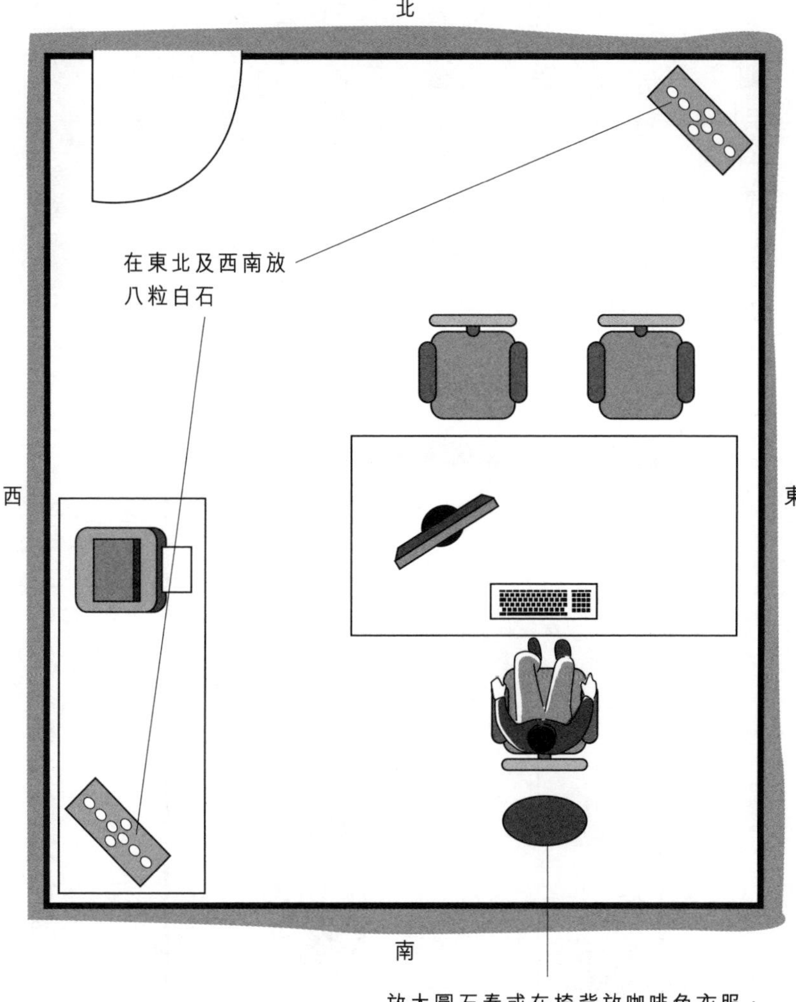
北
西
東
南
在東北及西南放
八粒白石
放大圓石春或在椅背放咖啡色衣服，
然後在每年之三碧爭吵位放粉紅色物
件化解

催加薪升職法

催升職加薪最好當然能夠在家裏或寫字樓內放一個催官局，但催官局要因應家居不同之方位去佈局，又不是每一個方位都能佈此局。所以，可改而採用簡單之法，以流年之吉凶位置去推算佈置。

催加薪首要是催財，而催財之法就是在流年之飛星七、八、九三個位置放一杯水。

而催升職則宜利用每年之

二〇二二年催加薪升職法佈局：

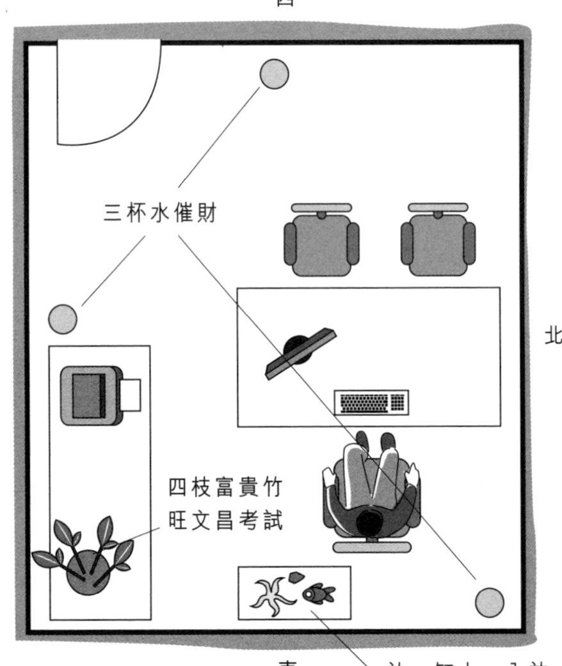

四綠文昌位——在文昌位內放四枝水種植物，然後再加上前面之催財局。如在緊急關頭，要與人爭取晉升職位之時，就可再加上一個急催財局，即是在正東位置放一缸水，再在裏頭放一條黑摩利、一粒黑石及一棵海草。

如二〇二二流年：

二〇二二流年七赤在正西，八白在東北，九紫在正南，宜各放一杯水催財。又一白桃花位在正北，可放一杯水催旺人緣，然後再在東南四綠文昌位放四枝富貴竹。

註：二〇二四年九運後，三杯水改為放在每年八、九、一這三個位置。

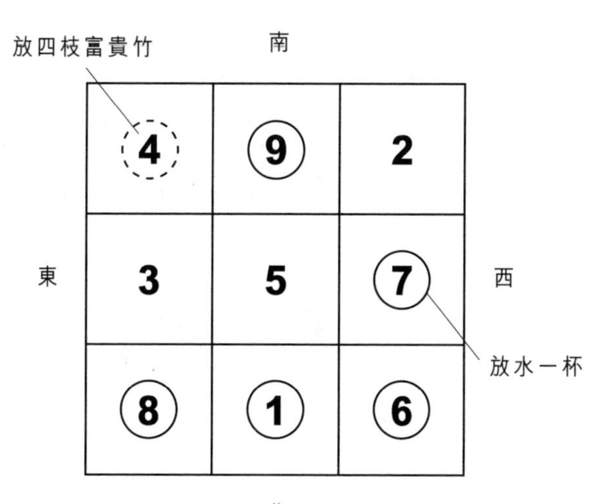

如二〇二八流年：

二〇二八流年一白位在正西，八白在中門，九紫在西北，可各放一杯水催財。又一白桃花位在正西，可加一個音樂盒催桃花；四綠文昌位在正北，可放四枝富貴竹利文昌。如果閣下之工作要通過考試才能晉升的話，則此文昌位最好能催旺一些。

	南	
7	3	5
6	⑧	①
2	④	⑨

東　西　北

放四枝富貴竹（4）　放水一杯（9）

第五章

風水用品

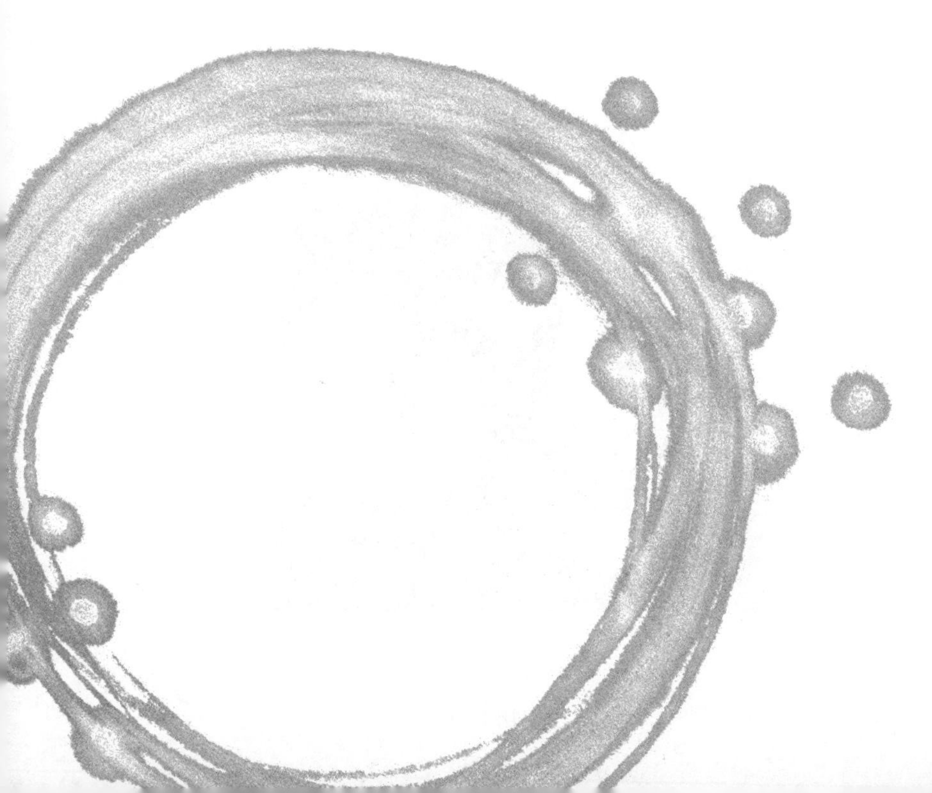

獅子

獅子形象化以後成了鎮宅之風水器物。獅子大多用於衙門、大宅大門前之左右兩旁，又放置獅子時，一定是雌雄一對，左男右女的擺放。

其形態為雄性腳踏圓球，雌性腳踏小獅子，雌雄一對要向大門以外之地方擺放。又獅子大多擺放在向街的位置，擺放於屋內實不適宜。由於獅子為鎮宅壓煞之物，胡亂擺放唯恐損人而不利己。因此，住宅門外如果正對着別人的住家，則擺放獅子會對人家構成不良的影響，輕則疾病，重則傷人。

又墓園兩旁亦常常擺放不同的瑞獸，而獅子就是其中一種。其他的，還有龍鳳、鴛鴦等，而其用法皆為獅子之變種。及至近代，有人甚至會將獅子放置在家裏的神位之上，並對正大門。然而，這樣會令宅中人每天出入家門時，都承受着獅子的威猛之氣，引致疾病損傷。所以，切記獅子絕不能放於宅內。

又獅子有擋煞之用，可放於窗外抵擋窗外之煞氣，如尖角煞、穿心煞、路沖、天斬煞、三叉、八卦、動土煞等。

運用獅子擋煞，最有名的機構，首推滙豐銀行。滙豐銀行後門靠遮打花園，再出維港，剛好正對着尖沙咀，而尖沙咀就正好形成一個超級強大之尖角煞。此煞氣渡海過中環後其氣未散，剛好沖着滙豐銀行。風水學上有云：「要快發，鬥三煞」，當初之風水師正好妙用此煞氣。經過一番鬥煞、化煞之後，最終將煞氣收為己用，形成滙豐銀行今日之局面。

麒麟

麒麟其實是由鹿之形象演化而來，性較溫和，與獅子之兇悍不同，為瑞獸，主吉祥。從恭喜別人早生麟兒，便可知道麒麟有帶來吉祥之意思。其除有鎮宅、壓煞之功外，放在家內亦能表吉祥，所以擺放麒麟時沒有獅子那麼多禁忌，又一般家庭內亦多放麒麟而少放獅子。

獅子與麒麟同樣能擋煞、制煞，但如細分之，煞氣其實可分金、木、水、火、土五種，而麒麟就能用以擋不同之煞氣。

金煞

由金屬如三叉、鑊底、反光鋼，或西面、西北面而來的煞氣，均可用屬火之獅子或麒麟去壓制，因其力較大。而紅色或電子製之麒麟、獅子就是屬火，故可用以制金煞。

木煞

因木而形成之煞氣，包括大樹、樹枝、木電線桿及從東面、東南面而來的煞氣。壓制木煞時，均可用屬金之獅子或麒麟鎮壓，其力最大。又白色或金屬製的麒麟、獅子均屬金，可用以制木煞。

水煞

因水而形成的煞氣，如河流直沖、馬路直沖、水光反映、破財水及從北面而來的煞氣，皆可用屬土之獅子或麒麟去鎮壓，其力最大。又石製或啡色的麒麟、獅子均屬土，可用以制水煞。

火煞

火煞是因電、火、熱氣而形成之煞氣，如煙囪、電塔、電壓站、天線及從正南而來的煞氣，又壓制此煞氣時，最宜使用屬水之獅子及麒麟。黑色或琉璃、水晶製的麒麟、獅子屬水，可用以制火煞。

土煞

土煞是指因泥土石頭而形成的煞氣，如開山、建築、亂石嶙峋，以及由西南、東北面而來之煞氣。壓制土煞時，最宜使用屬木之獅子、麒麟去化解。而綠色及木製的麒麟、獅子屬木，故可用以制化土煞。

青龍

青龍又名「蒼龍」，為虛構之物。當人賦與其力量以後，便能產生效應。由於龍為尊貴之物，能吸水聚財，所以作為風水用品時，多用以吸財。

龍在中國象徵尊貴，所以中國皇帝以龍自居，又傳說龍為海上之帝，所以有海龍皇之說。又民間每喜用「龍馬精神」、「鯉躍龍門」等寓意吉祥，可見龍為吉祥之物，利多而弊少。

龍除了能吸水收財外，亦能起護宅之作用，故皇宮、廟宇、大官墓穴前之華表，多有龍象雕刻。但因龍為帝皇及皇帝御賜方可為用之物，故一般少用於民間，令其地位更加尊貴。

古有「左青龍，右白虎」之說。青龍為吉祥之物，而白虎為凶暴之物，故有左吉右凶之說。

將龍放於大門前有迎吉、納福、鎮宅之效，如放於窗外對着湖、海、馬路，則有收財納吉之效。又龍本生活於海底，能吸水放水，故古時每遇天旱之時，便會向龍神求雨，而水災之時則會向龍神祈求不要再下雨。所以龍的作用可吸可放，只要靈活運用，自能為你帶來吉祥。

白虎

白虎在中國人心目中，為一等一之大凶物。咒罵人時說他是「白虎精托世」；驚蟄之時謂白虎開口，要用肥豬肉祭白虎，又叫白虎幫忙去打小人，不要反噬自己。此外，還有人把剋夫之婦稱為「白虎」，由此可見白虎在中國人心目中的形象。另外，青龍代表貴人，白虎代表小人。

其實在漢代以前，白虎亦為瑞獸。相傳一隻老虎滿五百歲之時，它的毛才會變成白色，又這只會在皇帝有德政的時候才會出現。事實上，白虎的形象只是在近代才變成凶物。

那白虎是否有害而無利呢？其實凡事都可以從兩面去看。中國人每喜繪畫猛虎掛於屋內，所謂文無第一，武無第二，所以練武之人掛老虎之畫或放老虎擺設，皆有增強信心和勇氣之效。亦因此，江湖人物都喜歡把龍、虎、鷹等威猛之物，紋於自己身上，以助威風。

白虎為兇暴之物，能制暴戾之氣，故遇強大之煞氣，如高速公路直沖、尖角煞、山村陰暗之地時，皆可用白虎來制煞。

但白虎之擺設切忌放於家內，又白虎向着自己、向着大門就更加不宜，因為這樣不只會害人，亦會損己。所以，白虎只能向着屋外或窗外無人之處。如放於屋內，其虎口千萬不要對着家人。

如別人有白虎形之物向着自己，化解方法是用一隻小動物如兔、狗等擺設對着虎口，這樣牠吃飽以後便不會傷人了。

朱雀

「朱雀」是鳳凰的別名，古稱之為「朱雀」，後演化成鳳凰。其形與孔雀有相似之處，頭有冠，尾長，有翼，唯一不同之處是鳳凰能騰飛上天，隱於雲霧之中，見有奇珍異寶才下凡間。

風水上，朱雀代表屋前、墓前，又代表南方，屬火，故又代表口舌。俗語有云：「朱雀星動」，即口舌臨門之意。

但當朱雀演化為鳳凰之時，即變

為瑞獸，常與青龍合成一對，好像夫婦之意，故有「龍鳳呈祥」之說。

鳳凰在古代風水上多用於屋前橫樑之下，以作裝飾之用，又廟宇之浮雕亦多有此物。

漢時朱雀為四靈獸之一，唐宋以後變為鳳凰，四獸之作用便逐漸消失，變為尊貴之物。又皇帝以龍代表自己，皇后則以鳳凰來代表。

現今的風水學已甚少以朱雀或鳳凰來作為風水用品。但其實，仍可以取其無寶不落的意念，把鳳凰對着聚寶盆，以起聚財之作用。

玄武

玄武乃龜身蛇首之物，與青龍、朱雀、白虎合稱為「四靈獸」。青龍負責鎮守東方，朱雀鎮守南方，白虎鎮守西方，而玄武則鎮守北方。又東屬木，其色青；南屬火，其色赤；西屬金，其色白；北屬水，其色玄（黑）。此四靈獸常出現在墓園及宗祠之四周。

此四靈獸在古代為瑞獸，主吉，能保護屋宅、墓穴，使百獸不侵，災禍不來。

玄武於近代風水亦起着鎮宅吸財之作用，只要將之向着來水位，腳踏金錢，便能起吸財之作用。

天祿

天祿其實是由天鹿演化而來，為古代瑞獸之一，取其祿自天來，多放在墓穴前之兩旁，鎮守墓穴。

天祿形體似牛，長尾曳地，有雙翼，獨角，其作用與麒麟相類似。

辟邪

其形似獅子，但有雙翼，頭上有二角，應由獅子演化而來，為古傳之瑞獸，多用於居社建築之上，作為辟邪消災之用。另外，亦常見於古代軍旅之旗及盾牌之上，至現代則有鎮宅辟邪之用。

天馬

天馬亦等於馬，但有雙翼，是為吉獸，有催財之作用。可把天馬之頭向着馬路及有水之地方，有收財之效。又馬有進步之意，能起進步之兆，所以有「馬到功成」之說。因此，古人常有「駿馬圖」懸掛於客廳之中，寓意吉祥進步。

大象

大象為吉祥之物，有吸財之作用，因象鼻能吸水，又不論其是象鼻向下抑或象鼻向上，皆能吸水為己用。又風水學上有「山管人丁水管財」之説，代表以水為財，吸水為己用等如吸財為己用。

擺放大象吸水時，要注意水位是否當運。如二〇〇四年前旺東面水，象鼻向東面對水的地方就能吸其旺氣；相反二〇〇四年前西面水為破財水，如用大象吸這面的水，效果就會剛好相反，反為破財。因此，在二〇〇四年前，宜將大象擺放在屋之東面，並將象鼻向着西面，從而將西面的來水吸進屋之東西，以收東面旺水、旺財之效。又東面來水能旺至二〇一六年，但二〇〇四年後，西南面水亦為旺財水，能旺至二〇二三年。二〇二四至二〇四三年則利北面來水。

又路亦為水，如家居看不見海、河、湖、泳池、水塘，不見真水，亦可吸馬路作為假水，因收路之水亦能收旺財之效。但不論河水、馬路假水皆宜逆水，即對着河流上游及馬路衝來之處。至於二〇四四年以後的水流旺處，可參考本人另一本著作《蘇民峰風生水起巒頭篇》內「論地運」一篇。

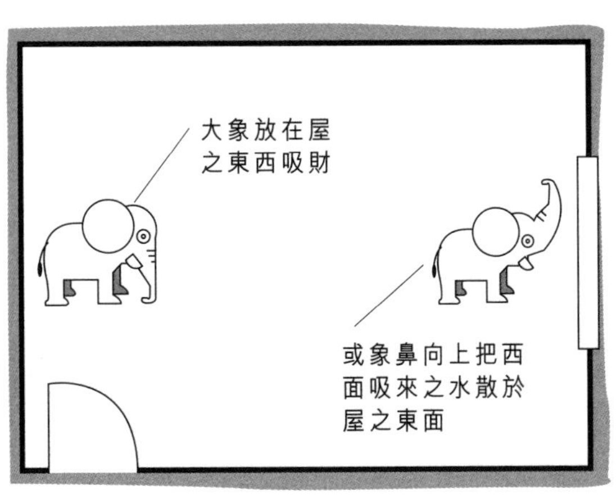

龍龜

正名「霸下」，又名「贔屭」，能負重物，常見於石碑之下，背負石碑。在風水學上，龍龜有吸水收財之用。由於龍是九子之一，亦善水性，故能吸水收財，其用法與龍及象相類似。使用時，可在其背後放一疊銅錢，使其替你背負財富，以收聚財之效。

馬路

窗

背上放銅錢

貔貅

與辟邪相類似，為辟邪的變種，但辟邪有翼而貔貅無翼。有現代風水師稱有翼之貔貅為「飛翼貔貅」，實形態上之謬誤。

相傳貔貅無正常的排泄系統，進食以後，廢物會由汗液排出，所以貔貅有「有入無出」之說，可用以收財。但因貔貅力量強大，會損人利己，所以即使用以收財，亦只宜放於對街、馬路、湖海等空曠之地，以收天然之氣，納為己用。切忌對着別人的大門或對面人家之商鋪，否則會損自己的陰德。又一般人會將它擺放在屋內對着自己的門口，但這樣擺放，其實會令貔貅在你每次入屋時吸收你的旺氣，反而容易破財、生病。又有人把它掛在身上，情況就更凶。

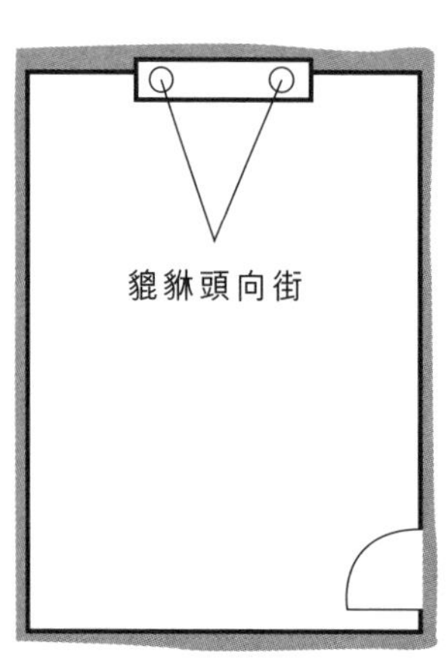

三腳蟾蜍

蟾蜍就是「癩蛤蟆」，不知何時變成了風水器物。蟾蜍本身有毒，除了可作藥用及用來浸酒以外，就再也想不到有任何用途了。風水用品，其實很講求共識，只有相同的共識，才能產生念力，繼而再生起風水力量。然而，人們對蟾蜍之印象只限於浸藥酒，如與癩蛤蟆構成聯想的話，甚至有下流之意。事實上，蟾蜍有其風水典故，只是一直也不廣為人知，致令其難以產生力量。

蟾蜍之造型，大多是口中咬住一個金錢，有蟾蜍送錢之意。但因蟾蜍形象不正派，所以不會甘心情願地為你送錢。因此，其只有在鬥煞方面，方能發揮所長。凡門向面對路沖、鐮刀煞、穿心煞、三叉者，均可用蟾蜍對着煞位，以起鬥煞生財之效。不過，切忌將之對着別人的大門，以免損人利己。

相傳三腳蟾蜍是一隻靈精，會吃人，經常遺禍人間。後來呂洞賓把牠收服，收為己用，牠才致力將功補過，為人間帶來財福。

文昌塔

古代風水形造，以一鄉、一縣，甚至是一個市為目標。如某鄉難出功名，就會請風水師勘察（大多是富而不貴者，才有能力聘請風水師勘察）。倘若方位法度許可，風水師就會佈置一個催官局，以催官出狀元、得功名。

佈置催官局時，要設置一個水池、一個假山。古時鄉郊地方水田處處，建一水池簡直易如反掌，但建一座高假山卻不是易事。所以，他們會建一座高塔在適當的位置，以收催官之效，故此稱為「文昌塔」。

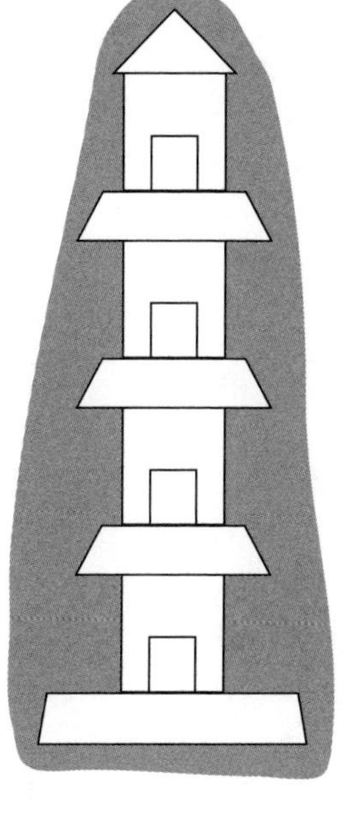

塔在風水學上還有其他用途，如果某鄉人丁凋零，就會起一座迴風塔作為靠山，使其人丁旺盛。

文昌塔在現代風水學上只能起象徵意義，與筆架、毛筆等文房用品相同。所以，市面上有所謂「白玉文昌塔」、「綠玉文昌塔」、「黃石文昌塔」，甚至用黃金造的文昌塔，其實意義上並無分別，只是取其文昌之意。因此，我個人喜歡用四枝富貴竹來催旺文昌，一來較便宜，二來效用亦較佳。因風水學上有「一四同宮發科名之顯」的說法，而一就代表水，四就代表木。植物是木，綠色亦是木，所以四枝水種富貴竹已具有一四發科名之意義。

又文昌塔最好放在家中的文昌位位置。如要佈催官局，則最好放假山石。不過，家中的永遠文昌位置或催官局的佈置要專業風水師才能推算得到。如要自行佈局，最簡單的方法，就是把文昌塔放於當年之四綠文昌位，而每年四綠文昌位的位置，就可參考《通勝》之第二頁。

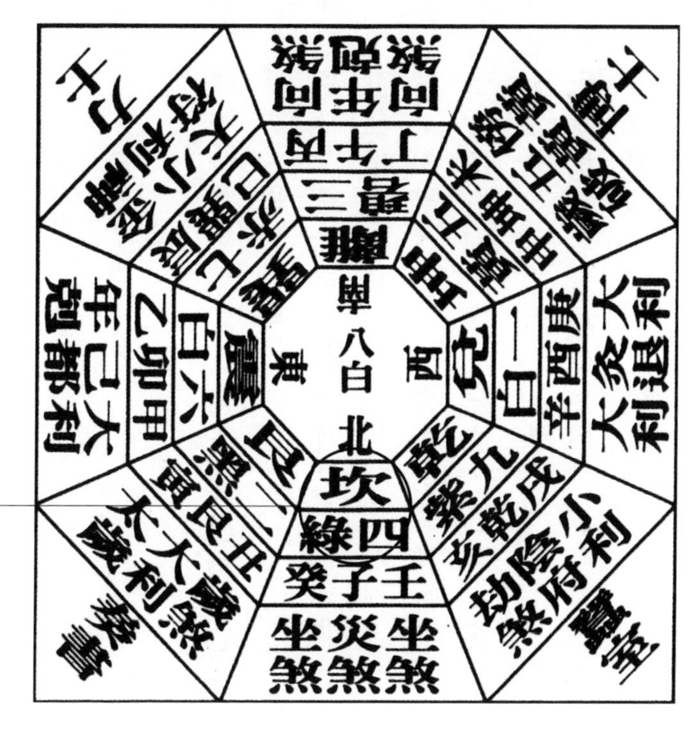

文昌位置

安忍水

老一輩的風水師遇到五黃大病位、二黑細病位的時候，通常都會採用安忍水來化解。

弄一個安忍水其實很簡單：將大量鹽放入玻璃瓶內，然後加少量水，再放六個銅錢，便成了安忍水了。

以前的錢幣是銅錢，因為銅有氧化作用，所以做出來的安忍水會散出銅錢氧化後的氣，又此氣能化解病氣。但現代風水師制作安忍水最大的問題是把安忍水用蓋密封住，如果封了口，根本就不會散發出銅的氣。所以，這樣用安忍水來化解五黃大病位和二黑細病位，基本上是化解不到的。如果你要化解五黃和二黑這些病位，均宜用金屬有聲的物件化解，例如音樂盒和風鈴等。如果還是不能化解病氣，就可以將風鈴放在鹽水裏，或在用安忍水的時候，不把蓋封住，以增功效。

植物

植物在風水學上有很多用途，可以催財、聚財、擋煞、擋漏財。

植物主要分為水種植物、尖葉植物、多葉植物、大葉植物及高的植物。水種植物主要用來催財。簡單來説，只要將它放在大門旁邊，讓開門時的空氣吹動到其所處的位置就可以了。又或者，可將之放在流年的財位之上。以二〇一八年為例，財位在東南，故可在家居的東南位放一棵水種植物。

大葉植物用來聚財，最理想是放在家中的財位，但財位要通過計算才能找出來。如果不懂找財位，便可將之放在流年的財位。二〇二四年九運後，每年流年的「九」是財位，又二〇二七年「九」位在中宮，所以二〇二七年可在中宮方放大葉植物聚財。

尖葉植物主要用來擋煞。家居外的煞氣一般來自向着居所的建築物，如果

它們帶有大幅尖角，就會出現雞嘴煞，可用植物去擋。又或者兩座建築物之間剛好有一空隙對着你的居所，形成穿心煞，亦可以用植物去擋。其次路沖、天橋的煞氣都可以用尖葉植物去擋。

另外，高而多葉的植物又有其擋煞之功。現在有些建築物的間隔呈鑽石形，有些則呈不規則形規劃，形成大門對窗。如擔心有漏財的情況，你可以在門對窗的位置放植物，而且高度一定要高於門框，藉以植物本身的氣場擋煞氣沖。由於植物會散發氣場，所以植物不必闊過門框。

有些植物是藤蔓狀的，如長春藤，最宜掛在門角。現代有些家居的間格會形成大門對廚房、大門對廁所、主人房對廁所、廚房對廁所等問題，均會引致身體不適。這時候，便適合在廚房或廁所門左右角掛一棵藤蔓植物來化解病害。

五行——木、火、土、金、水

五行木、火、土、金、水為天地流行之氣，萬物莫不為五行所組成。木為植物；火為熱、為光；土為泥土、石頭；金為金屬及剛硬之物；水為液體，為流動之物。所以凡遇上煞氣，皆可用五行天然之物去化解。

水為財

別看輕一杯水，它在催財的風水局中，經常佔一個很重要的地位。嚴格來說，一個「到家」的風水師，很少會要你擺滿一屋「鈴鈴叉叉」。事實上，如果能夠擺放一些家中常見之物，而又具風水作用的話，那就是最反璞歸真的方法了。

其實，現時已經有不少風水師在佈置風水局時，直截了當地使用水來製造催財的效果。只要知道法門，各位大可在家裏試擺，又或者見家中放水杯的位置不當，亦可自行重放。

水是風水學上常用的物件，因為風水學上有「山管人丁水管財」之說，所以如能將水放在家中合適的位置，自能生起催財的作用。最簡單而最快見效的方法，就是在大門旁放水，因為大門開啟時會把水所散發之氣帶入屋內。又水為財，即是把財氣間接帶入屋內。

此外，亦可因地運及流年運而有不一樣的催財方法。如下元七運（一九八四至二〇〇三年），東面有水為利財水，西面有水為破財水，所以可於東面放水催財。及至八運，西南有水即旺財，東北有水即損財，故二〇〇四年以後二十年，可於西南放水催財。二〇二四至二〇四三年九運，北面水利財，南面水損財。又每年有不一樣的流年財位，如二〇一八年之七赤金在正東方，八白土在東南方，九紫火在中宮位，亦可在此三方放水一杯以催財。

二〇二四年起可在每年之八白、九紫、一白位催財，以上位置各位可自行參考每年《通勝》第二頁，即可得出該年之方位位置。

金

金即是任何會發聲之金屬物件，如風鈴、音樂盒、鑰匙等。因金屬之聲有消解的作用，用於對付每年之大病位及細病位，至為有效。由於大、細病位皆屬土，故金可洩土之氣，化解病氣。

大病位，即風水學上的五黃死符星；細病位，即二黑病符星。二黑五黃的位置可在每年《通勝》的第二頁找到。二〇一八年之二黑病符在正西方，五黃死符在正北方，故可在此兩方放置音樂盒、風鈴等化解。

石頭——土

石頭在風水學上是常用物品，因為風水學上有「山管人丁水管財」之說，而石頭於風水的作用正好等如山。最簡單又有效的方法，就是將之擺放於屋內後面之中間位置，以生旺丁之效。

又西南面屬土，東北亦屬土，於這兩個位置擺放石頭，亦可收旺丁、旺身體之作用。

石頭亦有擋漏財的作用。在下元七運，西面有水會破財，八運則東北面有水會破財，九運南面有水易破財（如海、河、泳池等），可於向水位置放八粒白色石頭以擋漏財之水。

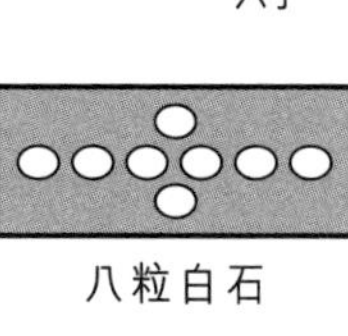

八粒白石

火

火即紅色物件、燈或任何發光發熱的物件。一般用火化煞的情況並不普遍，而應用時定必要對症下藥。

一般而言，火可化解胃痛、肚痾等，但因為每局不同，所以不能在此處提供方位。唯的一建議是，各位遇上以上疾病時，不妨一試。

又窗外遇有尖角煞、簷篷角或西面來的煞氣，都可用火化解。

木

木即植物，植物是風水學上最常用的擺設之物，具有催財、聚財、擋煞、擋漏財及催文昌之作用。

催財時，一般會使用水種植物，如鐵樹、富貴竹、萬年青、黃金葛等。而最有效又最簡單的方法，就是將植物放在大門旁邊，讓它隨氣之流動而把財氣帶入屋內。在下元七運時，可將植物放於東面，而八運則可放於西南面，下元九運放於北面，會有不錯的催財效果。當然，亦可將它放於每年之流年當運星位置（八白、九紫、一白）以收催財之效。

用於聚財時，多會使用大葉植物如斑馬、黃金葛等，又你要將植物放於家中的財位位置。為方便各位找出家中財位的方向，現把每方位之不同財位列出如下：

家中財位例子：

大門向南	財位在正東方
大門向西南	財位在西北方
大門向正西	財位在正北方
大門向西北	財位在正南方
大門向正北	財位在東南方
大門向東北	財位在正西方
大門向正東	財位在西南方
大門向東南	財位在東北方

擋煞

一般會使用尖葉、細葉之植物，如仙人掌及葵類植物等。

以植物擋煞時，通常會用來對付窗外之煞氣，如三叉、八卦、尖角、亂石、動土等。如遇此種煞氣，便可於窗前擺放尖葉植物化煞。

擋漏財

通常會用高而多葉的植物來擋漏財，而常用的品種就包括竹葵、室內榕及高鐵樹等。一般而言，如果宅內出現大門對窗的情況，又不管其是鑽石形屋抑或大門對房門再對窗，如怕會漏財。如空間不許可，未能放高而多葉的植物，就可改為吊植物，讓它從天花垂下，又萬年青、長春藤類之植物皆有擋漏財的作用。

催文昌

一般會用四枝植物，而最簡單的方法，莫過於用四枝富貴竹。種植時，以水種無泥者為佳，因為文昌星屬木，水可以生旺木，所以有加強催旺文昌的作用。但尋找室內文昌位比較困難，而最簡單容易之法，就是放於每年之流年文昌位上。

文昌位即每年之四綠位置，又此位置所在的方位每年都有所不同，可在

《通勝》第二頁或流年運程書內找出。二〇一八及二〇二七年之四綠文昌位在正南，所以一八及二七年在屋內的正南位置放四枝富貴竹便可催旺文昌。

化煞

所用之植物宜隨機應變。如大門對廚房、廁所，如距離許可均可用高而多葉的植物化解。

廚房對廁所

可放植物於廚房或廁所之左右門角上化解。另外，廚房對房門，可用種植物化解；廁所對房門，亦可在門角吊植物化解。而植物不管用水種或泥種亦可。

鷹

鷹在風水學上亦為常用之物，取其以形制形，最好用來對付形狀似蛇、蜈蚣、老鼠及其他鷹所能剋制之煞氣。

例一——蛇頭形電燈柱

現代之電燈柱，形狀甚多，有一種狀似蛇頭形的電燈柱。如其對着你的窗，就容易引致食物中毒、休克等症，宜把鷹放於窗前對着蛇頭，以一物治一物的方法加以剋制。

例二——蜈蚣形去水喉

舊式大廈之去水喉每每露於屋外，除了中間一條主喉以外，還左右分叉成多條支喉，其形甚似蜈蚣。此煞會使人皮膚痕癢、出現癬疥、毒瘡等，每每難於醫治。只要把鷹對着此等形煞，自能化解。

例三——山間之去水道

山間之去水道，其形如與蜈蚣相似，有時甚至會好像開刀手術後的疤痕。此煞會引致宅中人手腳損傷、流血，嚴重者會開刀做手術。化解之法，就是以鷹對着此方。

又鷹為凶暴之物，不宜懸掛於屋內。放置鷹型擺設時，鷹嘴不宜向着自己。

牛

牛在風水用品上為吉祥之物，有安靜平和之意，所以風水吉地，常有「牛眠地」之稱。

但牛亦有兇暴之時，因有雙角，故具制煞之效。如用牛來令家人的感情更加和睦，就宜放置躺着的牛；如用以鬥煞的話，則宜用站着的牛，且宜雙角向外。

豬

豬在中國古代佔有極重要的位置，除了代表豐衣足食外，亦因豬為多產動物，所以亦代表子孫榮昌，能增加人丁，旺其人口。古代社會主張多產，因為人多好做事。但時至今日，已不主張多產，故豬只代表懶洋洋及豐衣足食。

另外，由於豬亦善於保衛家園，故有合家平安之意。

在鬥煞方面，豬則不能起甚麼作用。

仙鶴

仙鶴在風水學上有吉祥之意，為仙鳥之一，為健康長壽之徵，故有「松鶴延年」之説。人之陽壽盡後又叫「乘鶴西去」，因西方為極樂世界，故寓意去世後仍帶着吉祥之祝福，可見鶴乃長壽吉祥之物。

玉雕上經常會見到松鶴之圖案，戴於頸上，保佑平安健康。如把仙鶴放於家中，亦有保佑家人平安之意。又鶴嘴尖長，專啄食蛇蟲鼠蟻，故對人類有益，有去蟲去病之象徵。因此，當小兒生寄生蟲時，此物最具剋制之意。

雞

雞之圖案擺設，在中國社會最為常見，因在古代農業社會中，大多數的家庭皆會飼養雞隻，並於大時大節時殺之享用。所以，每有喜慶之事，便有雞之出現。古代社會生活貧困，少肉多菜，而豬肉更可能是一年難得一嘗。故每見人殺雞，便知道他們在辦喜事。時至今日，大時大節之時，如少了一味雞，仍覺得不是味兒。所以雞在古時代表喜慶，而把雞之圖案擺設於宅內，就有喜事臨門之意。

雞除了代表喜慶之外，在風水學上，與鷹和鶴亦有相同之用處，只是雞的力量更小，只能用來對付蜈蚣煞及小兒生寄生蟲。

但不知從何時起，雞卻偉大起來，能化桃花、趕桃花、制桃花。但其實，雞不能用來趕桃花，只是遇到虎、馬、狗之年，又兔為當年之桃花生肖，方能因雞與兔相沖而有效。可能當年有一風水師於以上之年在電視上說雞能擋

桃花，才有雞能制桃花之説。由此可見，在電視台或收音機上之閒話一句，會有多大的影響。所以每於此等場合論及風水時，一定要慎言、慎言。

每年的桃花所屬生肖均有不同，如虎、馬、犬之年，「兔」為桃花；蛇、雞、牛之年，「馬」為桃花；猴、鼠、龍之年，「雞」為桃花；豬、兔、羊之年，「鼠」為桃花。而兔與雞沖，鼠與馬沖，那是否兔年用雞，雞年用兔；馬年用鼠，鼠年用馬去擋桃花呢？

其實十二生肖只是一個代名詞，兔並非一隻兔，雞並非一隻雞，所以用以上之物去擋桃花，能不能生效也成疑問。

泰山石敢當

泰山石敢當其實是一條方形石柱，而柱中一般會刻着「喃無阿呢陀佛」之佛號，具有鎮邪化煞之效。車禍頻生之路段，每每會有石敢當的出現，用意是鎮壓邪靈，減低凶禍。

平房式住宅如對着路沖，亦可以擺放石敢當去擋，也能起擋煞、擋沖之效。至於一般住宅，則很少用石敢當作為擋煞之物。

銅錢

銅錢在風水學上為常用之物，用銅錢造的劍，稱為「錢劍」，有鎮邪擋煞之效。另外，由六個銅錢造成的風鈴，亦能化五黃、二黑兩個大細病位，而在安忍水內放銅錢，亦有化病之效。

但風水用的銅錢，必須是皇朝興盛時所出產的古錢。近代常用的古錢包括乾隆通寶、康熙通寶年間的古錢，如錯用同治、光緒等國運較弱時所生產的古錢，則不單不能化病，反恐會增病。事實上，現代的仿造技術了得，故常有假的古錢出現，加上古錢來歷不明，不知是否用以陪葬之物，所以我在幫客人佈置風水局時，會以英女皇頭銅幣來代替。這除了因錢是用銅鑄之外，亦因英女皇在位之時，英國國勢強盛，且英女皇有一定的在任年期，故英女皇頭之銅錢能代替古錢。其實，無論是香港女皇頭五角、二角、一角錢，抑或英鎊、加拿大錢、澳洲錢，只要是銅鑄，加上有女皇頭便可為用。

又現代之風水用品店有銅鑄之六吋銅錢出售，但用以化病的話，反不如小小的一個五角錢，因為此種銅幣並無生命力，沒有經過人手流動，缺乏人氣。再加上沒有興盛皇朝作後盾，所以不用也罷。另外，從美觀的角度來看，小小的五角錢更易於收藏，不似那些六吋大銅錢，要擺放之時根本無處可收。

又很多風水師甚至叫客人把六個大銅錢置於門頂之上，不論好看與否，在我看來則危險性極高，如不小心跌一個下來，打中頭部，不頭破血流才怪呢！

音樂盒

音樂盒為最簡單之金屬發聲物件，可代替風鈴為用。由於傳說風鈴會惹鬼，所以每次叫客人放風鈴時，他們都會問：風鈴不是會惹鬼的嗎？既然音樂盒與風鈴的作用相同，那就轉用能令客人比較放心的音樂盒好了。所以，以後凡是要用上風鈴的風水佈局時，我都會叫客人放音樂盒。

音樂盒為金屬發聲之物，所以五行屬金。但如果是用電力發動而發聲的音樂盒，因為有電的關係，所以不屬金，反而屬火。另外，收音機、喇叭、CD機同樣屬火，所以都不可以代替音樂盒之效。

音樂盒一般最常用於化解大、小病位。古代化解大、小病位時，多數會用安忍水或六個古錢。但由於擺放安忍水並不美觀，又難以用於辦公室，加上古錢又常有膺品，既沒有人手流動過，亦不是產於古幣所屬之皇帝朝代，所以無氣、無作用。就算讓你找到古錢，亦要乾隆、康熙等有力之皇朝才有作用。既然如此，倒不如用音樂盒去化解病星，既美觀，又見效。只要把發條扭一下，即可持久地發出金屬撞擊之聲，生起化病之效。

大病位即流年五黃死符，細病位即二黑病符，而死符、病符之位置，可參看每年《通勝》之第二頁或本人之流年運程書即可得出。又大細病位容易令人喉嚨、氣管、呼吸系統出現問題，其次是腹部腸胃。每遇以上情況，均可將音樂盒的發條扭緊，使之發出金屬聲響，以收化病之效。

蘇民峰
風水天書

作者
蘇民峰

策劃/編輯
吳惠芳

美術統籌
Ami

美術設計
Man

攝影
DerekQue Photography

插圖
dEsign a studio

出版者
圓方出版社
香港北角英皇道499號北角工業大廈20樓
電話：2564 7511
傳真：2565 5539
電郵：info@wanlibk.com
網址：http://www.wanlibk.com
http://www.facebook.com/wanlibk

發行者
香港聯合書刊物流有限公司
香港荃灣德士古道220-248號荃灣工業中心16樓
電話：2150 2100
傳真：2407 3062
電郵：info@suplogistics.com.hk

承印者
中華商務彩色印刷有限公司
香港新界大埔汀麗路36號

規格
32開(216mm X 143mm)

出版日期
二OO九年十二月第一次印刷
二O二四年一月第七次印刷

Published in Hong Kong, China by Forms Publications,
a division of Wan Li Book Company Limited.
ISBN 978-988-18764-1-6

蘇民峰作品集

風水

- 《風水謬誤與基本知識》
- 《家宅風水基本法（增訂版）》
- 《如何選擇風水屋》
- 《風水天書（第七版）》
- 《風生水起 理氣篇》
- 《風生水起 巒頭篇》
- 《風生水起 例證篇》
- 《風生水起 商業篇》
- 《生活風水點滴》
- *Feng Shui Guide for Daily Life*
- *A Complete Guide to Feng Shui*
- *Feng Shui —— A Key to Prosperous Business*

八字

- 《八字萬年曆（增訂版）》
- 《八字入門 捉用神（第六版）》
- 《八字筆記壹》
- 《八字筆記貳》
- 《八字進階論格局看行運（第二版）》
- 《八字論命（第四版）》
- 《八字・萬年曆》
- 《八字秘法》

姓名學

- 《玄學錦囊 姓名篇（新修版）》
- 《簡易改名法》

相學

- 《玄學錦囊 相掌篇（增訂版）》
- 《中國掌相》
- 《觀掌知心 入門篇》
- 《觀掌知心 掌丘掌紋篇》
- 《觀掌知心 掌紋續篇》
- 《實用面相》
- 《觀相知人》
- 《相學全集（卷一至卷四）》
- 《談情説相》
- *Essential Palm Reading*
- *Practical Face Reading and Palmistry*

其他

- 《峰狂遊世界》
- 《瘋蘇 Blog Blog 趣》
- 《蘇民峰美食遊蹤》
- 《師傅開飯》